KB037765

적당한 거리 두기의 기술

적당한
거리 두기의
기술

명대성 지음

불편한
사람과도
편하게
어울릴 수 있는
관계의 힘

CONTENTS

CONTENTS

CHAPTER 4
착각과 이기심은 관계에 독이 된다

CHAPTER 5
관계의 기적은 '우리'를 인정할 때 나온다

제대로 거리를 둘 때
비로소 관계가 시작된다

친구에는 세 부류가 있다.
음식과 같아서 매일 필요한 친구,
약과 같아서 가끔 필요한 친구,
질병과 같아서 항상 피해야 하는 친구.
- 《탈무드》

　너무 가까워도 탈이 나고 너무 멀어도 문제인 게 사람과 사람 사이의 거리다. 게다가 그 아리송한 경계조차 우리가 맺는 수많은 관계마다 제각각이니, 인간관계의 거리에 정답은 없다. 그런데 경계의 이쪽저쪽에 선 사람들은 저마다 자신이 택한 거리가 옳다고 말한다. 거리를 좁히려는 사람은 '격이 없어야 관계다'를 주장하고, 거리를 유지하려는 사람은 가까울수록 '선을 지켜야 한다'를 주장한다. 사람들은 이 관계의 아이러니에서 상처를 주고받는다. 그럼에도 주고받은 상처에 대해서는 잘 표현하지 않는다. 너무 당연해서 말하지 않고, 너무 사소한 것이어서 말하지 않는다. 하지만 관계에서 생기는 일 중 사소한 것은 없다. 그 사소함(이라고 여겨지

는 것)이야말로 관계를 이어 주는 필수 요소이기 때문이다. 나에게
든 상대에게든 불편한 마음을 주는 것이라면 언제고 멈춰야 한다.
그리고 이를 위해 필요한 것은 관계의 거리를 파악하고, 조정하
고, 지킬 줄 아는 지혜다.

지나친 욕심이 관계를 망친다

나를 위해 필요한 거리가 있고, 타인을 위해 필요한 거리가 있
다. 사람에 대한 욕심이 생길 때 우리는 종종 이 거리를 무시하게
된다. 좀 더 좋은 것을 주고 싶은 마음과 상대에게 있어 내가 갖는
존재감을 높이고 싶은 마음 때문이다. 물론 좋은 사람을 만났을
때 그에게 욕심이 생기는 것은 자연스러운 일이다. 그러나 욕심이
과하면 절실함이 되고, 절실함은 관계를 어렵게 만든다.

사람에게 느끼는 실망이나 상처는 결국 관계의 산화물이다. 내
욕심과 타인의 욕심이 충돌해서 생기는 것들이다. 얼핏 생각하면
사람들이 내 주위를 공전하는 것 같지만, 우리는 모두 스스로 중
심이 되는 개별적인 존재들이다. 이를 인정하지 않는 관계는 상대
에게 불편함을 준다. 관계의 미덕인 친절과 배려, 양보조차 일방
적이 되면 상대를 부담스럽게 할 뿐이지 않은가. 상대에게 필요한
거리를 존중하지 않고, 내 욕심으로 그 거리를 좁히고 채우려 하
면 상대는 뒷걸음질을 칠 수밖에 없다. 아이러니하지만, 관계에서
상처를 주고받는 순간은 관심과 애정이 커질 때부터 시작된다.

원래 사람은 제각각이다

사랑이 싹틀 때는 상대의 과묵함이 매력적으로 느껴지고, 혹은 거침없는 표현력에 감탄하며 눈을 반짝인다. 그러나 서로에게 익숙해지면 상대의 과묵함 때문에 힘들고, 지나친 표현에 상처를 받는다. 나와 다름이 매력을 주는 시간은 찰나에 지나지 않는다. 그 시간이 지나면 다름이 틀림으로 느껴진다. 누군가에게 실망을 느끼기 시작할 때, 우리는 흔히 '사람이 변했다'는 표현을 쓴다. 그러나 상대가 변한 것이 아니다. 내가 상대를 보는 시각이 변했을 뿐이다.

관계에서 중요한 순간은 이렇게 소위 콩깍지가 벗겨졌을 때다. 좋은 첫인상으로 시작한 관계일수록 시간이 흐르면서 갈등이 싹트기 시작한다. 상대에게 품은 처음의 기대는 내가 멋대로 만든 환상일 뿐이건만, 서로 알아 가고 가까워지면서 기대는 어긋나고 단점이 점점 더 눈에 들어온다. 이럴 때 필요한 것은 상대는 내가 아니라는 사실을 되새기고 그 다름을 인정하기 위한 거리 조정의 작업이다. 상대가 뭘 하든 멋져 보이고 서로 통한다고만 느끼던 처음의 거리에 조금 여유를 주는 것만으로 관계는 안정의 단계로 접어들 수 있다. 이런 조정을 관계가 소원해지는 것이라고 생각할 필요는 없다. 더 오래 건강한 관계를 유지하기 위한 적정 거리를 드디어 찾았을 뿐이다.

떼쓴다고 관계가 달라지지 않는다

사람은 변하지 않는다는 말은 진리에 가깝다. 누구도 모든 사람과 잘 맞을 수는 없고, 서로 맞지 않는 사람끼리의 관계는 시간을 들여 노력해 봐야 허사일 때가 있다. 나도 상대도 '변하지 않는 사람'이라는 기본 전제가 건재한 이상, 노력해도 안되는 관계는 분명히 존재한다. 그러나 꽤 많은 사람이 부질없는 관계를 붙잡기 위해 에너지를 쏟는다. 이런 관계가 많은 사람일수록 인간관계가 피곤하다. 불안한 관계에서 생긴 불편함이 다른 관계에까지 영향을 미치기 때문이다.

관계는 이성보다 감성에 좌우된다. 사람이 사람에게 매력을 느끼는 것은 특별한 이유가 있어서가 아닐 때가 많다. 일단 직관적으로 매력을 느끼게 되면, 이성이 그 호감에 대한 이유를 만들어 내는 것이다. 싫어하는 사람에 대해서도 마찬가지로 싫다는 직관에 대해 이런저런 이유가 덧붙여진다. 그런데 이런 무의식적 작용에는 정신적으로 많은 에너지가 사용된다. 사람이 싫어질 때마다 관계를 포기할 수는 없겠지만, 스펀지처럼 감정을 빨아들이기만 하는 관계는 멈춰야 한다. 사람의 감정이라는 자원이 무한하지 않기 때문이다. 관계 에너지는 사람을 통해서만 충전 가능하다. 그러나 한번 방전되면 재충전이 매우 어렵다.

상대가 "싫어요"를 외친다면 나의 밀어붙이기를 멈춰야 한다. 나의 감정과 무관하게 상대가 밀어붙이기를 시도한다면 "그만 멈춰 주세요"를 외쳐야 한다. 그것이 우리에게 필요한 관계의 거리다. 노력해도 되지 않는 관계라면 너무 애쓸 필요 없다. 관계는 애쓴다고 만들어지는 것이 아니다.

'함께'라는 말보다 '나'라는 말이 자연스러운 세상이다. 별생각 없이 타인에게 상처를 주고, 상처를 받은 사람은 또 다른 사람에게 상처를 준다. 관계에서 생채기가 많은 사람일수록 관태기(새로운 사람과 관계 맺기에 권태를 느끼는 현상)를 느끼고 함께보다 편한 나를 찾아 떠난다. 너무 힘들 때는 그런 시간도 필요하다. 하지만 그 시간이 길어지면 관계는 더 어려워진다. 관계는 포기할 수 있는 대상이 아니다. 스스로 고립되어 자신을 힘들게 하기보다 상처를 치유하고 관계를 회복하는 것이 사람을 더 이롭게 한다. 다만 상처를 주고받던 전과 달라지기 위해, 이번에는 거리를 지키는 관계들을 시작하는 것이다.

우리가 흔히 관계에 대해 말할 때, 두 가지로 해석하는 견해가 있다. 처세술(사람들과 사귀며 세상을 살아가는 방법이나 수단)과 처세(사람들과 사귀며 살아감)다. 사람들은 비슷해 보이지만 전혀 다른 뜻을 가진 두 단어 사이에서 관계의 혼란을 느낀다. 처세술의 술術은 '재주, 방법, 기술' 등으로 해석하고 '꾀'로 읽는 단어다. 나는 이 단어가 마시는 술과도 닮아 있다고 생각한다. 술을 좋아하는 사람들에게 적당한 술은 관계에 끈끈함을 더해 준다. 하지만 어느 한쪽이 술을 끊거나 과한 술로 실수를 반복하게 되면 관계도 끊어지게 마련이다. 적당한 기술은 약이 될 수 있지만, 지속 가능한 관계를 만들기는 어렵다.

반면 기술이나 꾀가 끼어들지 않고 적정 거리를 지키는 것 자
체를 중심에 두는 태도는 관계를 지속 가능하게 만든다. 관계의
거리는 방치하면 치명적 실수가 되지만, 지켜 주면 치명적 매력이
된다. 처세술의 계산된 거리가 아닌 처세의 현명한 거리를, 이제
당신이 지켜 줄 차례다.

CHAPTER 1

적당한 거리를 둘 때
관계도 건강해진다

관계, 거리 두기에서 시작된다

인간은 배려를 통해,
타인과 처음으로 깊숙이 만난다.
_ 제임스 서버

거리 두기와 밀착하기 중 어느 쪽이 더 중요할까? 인간관계를 잘하려면 밀착도 중요하지만 그 이상으로 거리를 지켜 주는 것이 중요하다. 가까운 관계도 거리를 지키지 않으면 상대를 불편하게 만든다. 만약 "가족끼리 이 정도도 못 해?", "친구 사이에 이 정도 표현도 못 해?", "내가 너한테 이 정도밖에 안 돼?"라는 말을 사용하기 시작한다면 관계에 틈을 벌리는 행동으로 생각해도 좋다.

관계를 이어 주는 것은 밀어붙이는 힘이 아니다. "가족이니까 이해할게", "친구니까 조심할게", "공과 사는 구분할게"라는 상대에 대한 배려가 관계를 잇는다. 제아무리 좋은 것을 준다 해도 상대에게 불편함을 함께 주면 관계도 불편해진다. 좋은 것을 주는 것보다 중요한 것은 "당신은 이게 불편했구나", "너는 이런 행동을 싫어하는구나" 같은 배려다.

"동건아, 내가 맛있는 거 사 줄게. 같이 가자."

"뭐 사 줄 건데?"

"야, 맛있는 거니까 그냥 조용히 따라와. 너 힘들어 보여서 내가 사는 거야."

"성민아, 나 이거 싫어하는 음식인데."

"잔소리 말고 먹어 봐. 여기 맛집이야. 다 너를 생각해서 데려온 거야. 여기 비싼 집이다. 내가 쏠 테니까 마음껏 먹어."

누군가를 배려할 때는 자신이 정한 행동을 밀어붙이기보다 상대의 반응을 확인하는 자세가 필수다. 아무리 좋은 아이디어라 생각해도, 아무리 세심하게 준비한 배려라 해도, 상대가 불편해하거나 부담스러워한다면 멈출 줄 아는 것이 진정한 배려다. 이와 달리 상대의 생각이나 행동, 기분에 무관심한 채 그저 상대를 위한다는 명분으로 행하는 배려는 일방적인 자기만족일 뿐이다. 그리고 이렇게 배려할 줄 모르는 사람과의 관계는 일방적 행동에서 오는 불편함이 조금씩 누적되게 마련이다.

"동건아, 저번에 내가 너한테 맛있는 거 샀잖아. 이번엔 네가 사라."

"그래, 뭐 먹을래?"

"그때 내가 사 준 거 있잖아. 그거 먹고 싶어."

"성민아, 나 그 음식 싫어해. 다른 거 먹으면 안 될까?"

"싫어. 그때 내가 거기서 샀으니까, 너도 거기서 사."

관계를 망가뜨리는 데는 뭔가 대단한 사건이 필요할 것 같지만, 사람과 사람 사이는 생각보다 자잘한 것에 의해 틈이 생기고 무너진다. 10년을 만나도 늘 처음처럼 어색한 사람이 있고, 1년을 만나도 10년 지기처럼 편안한 사람이 있다. 당연히 전자는 거리를 두는 관계이고 후자는 밀착된 관계라고 생각하겠지만 꼭 그렇지는 않다. 서로가 가진 마음의 결도 물론 원인이겠지만 오랜 지기처럼 편안한 관계의 비결은 거리 두기에 있다. 거리를 두는 것은 사람을 밀어내는 일이 아니다. 그것은 관계를 지키는 데 필요한 최소한의 매너다. 그리고 거리 두기의 배려야말로 오히려 관계를 밀착시킨다. 관계의 거리는 물리적인 거리가 아니어서, 적당한 거리가 감정적 친밀도를 더욱 높여 줄 수 있기 때문이다. 나의 성격, 상대의 성격을 바꾸기는 어렵지만 거리 두기는 서로의 절제만으로도 가능하거니와 매우 효과가 좋다. 그 정도 노력도 할 수 없는 관계라면 잠시 'STOP'을 외쳐야 한다.

무려 75년에 걸쳐 동시에 진행된 하버드 의대의 그랜트Grant 팀 연구와 글루엑Glueck 팀 연구에 따르면, 행복하고 건강한 삶의 해답 (비밀)은 단 한 가지, "좋은 관계"였다. 연구의 책임자를 지낸 로버트 월딩어Robert Waldinger는 가시적인 요소보다 사랑이나 좋은 관계가 더 중요하게 작용했다고 발표했다. 좀 더 구체적으로 말하면 관계의 친밀성, 양보다는 질, 서로 배려하는 안정적인 관계다. 좋은 관계를 위해 적극적으로 노력한 사람, 적당한 거리를 통해 배려한 사람이 가장 행복한 삶을 누렸다는 것이다.

세상에는 나를 힘들게 하는 사람도 있지만 여전히 좋은 사람이 더 많다. 만약 인간관계가 힘들다면 자신이 맺고 있는 관계들의 거리를 점검해 보자. 거리를 지키는 것만으로도 당신의 관계는 많은 면에서 달라질 것이다. 세상에 일방적으로 유지되는 좋은 관계는 없다. 좋은 사람과의 관계는 지키고, 나를 힘들게 하는 사람과의 관계는 벌리면 된다. 그 정도 노력이면 충분하다.

누구에게나 감당할 수 있는 거리가 있다

추운 겨울날 고슴도치는 체온을 유지하기 위해,
모이고 흩어지길 반복하다
서로의 가시를 견딜 수 있는 적당한 거리를 발견하게 되었다.

_ 아르투어 쇼펜하우어

"아무리 선배지만, 저한테 너무 함부로 하시는 거 아닙니까?"

"내가 당신한테 애정이 있기 때문에 반말하고, 장난도 하고, 쓴소리도 하는 거야."

"저는 상대를 전혀 고려하지 않는, 선배의 그런 행동이 불쾌합니다."

"말했잖아, 애정이 있어서 그런 거라고. 만약 내가 당신을 아주 정중하게 대한다

면 아무 애정도 관심도 없는 거야. 기분 상했으면 잊어버려. 내가 말은 막해도 뒤

끝은 없는 거 알지?"

이런 선배에게 뒤끝까지 있다면 후배의 감정은 어떨까? 진짜

뒤끝은 없는 걸까? 나의 경험에 비추어 보면 이런 사람일수록 뒤끝 작렬이다. 그것을 본인만 모른다. 이런 행동을 보이는 사람들은 상대적으로 선배이거나 힘의 우위에 있는 경우가 많다. 상대가 불평 이상의 행동을 하기 어렵기 때문이다. 불쾌감을 분명하게 표현했음에도 자신의 감정을 밀어붙이는 것은 폭력이다.

이런 관계가 지속될 수 있다고 생각하면 오산이다. 선배 입장에서는 친근감을 표현한 것이라고 하지만, 상대에게는 심한 불쾌감을 준다. 감당할 수 있는 거리를 넘었기 때문이다. 이런 경우라면 아무리 좋은 의도를 가지고 있어도 마음이 상대에게 전달되지 않기에 좋은 관계를 이어 가기 어렵다. 예를 들어 친구나 후배에게는 분위기 파악 못하는 사람, 눈치 없는 사람으로 낙인찍히게 된다. 또한 이 상황에서 만남 자체를 이어 가고 있다 해서 그것을 친밀도로 생각해도 곤란하다. 사람과 사람 사이에는 싫어도 피할 수 없는 관계가 있다. 즉 각자의 관계에서 겹치는 사람이 있기 때문에 완전히 단절하기 어려운 것뿐이다. 이때 친구나 후배가 진상이면 적당히 피하면 되지만, 직장의 상사라면 그마저도 쉽지가 않다. 유일한 길은 부서를 옮기거나 직장을 떠나는 방법뿐이다. 꽤 많은 사람이 이런 이유로 직장을 떠난다.

100가지 중에 99가지가 마음에 들지 않지만 딱 한 가지가 마음에 들어서 관계를 이어 가는 사람이 있다. 반대로 99가지가 마음에 드는데 딱 한 가지가 싫어서 관계를 끊는 사람도 있다. 99가지 장점이 주는 즐거움보다 딱 한 가지 단점이 주는 스트레스와

피해가 더 크게 느껴지기 때문이다. 관계의 거리를 무시하는 사람은 99가지 장점을 가졌다 한들 스스로 치명적인 단 한 가지 단점을 상대에게 들이미는 셈이다.

이런 실수 없이 상대와의 적절한 거리를 유지하는 것은 매너이자 센스다. 이 감각은 사람을 매력적으로 보이게도 하지만 무엇보다 적을 만들지 않게 한다. 인간에게는 보호본능이 있어서, 불안하고 위험한 상황에 대해 민감도가 높아진다. 위험하고 불쾌한 기억들은 뇌의 변연계邊緣系를 자극해서 기록으로 남겨진다. 미래의 또 다른 위험한 상황에 신속하게 대처할 수 있게 하기 위해서다. 관계의 거리를 지키는 사람은 누구에게든 그런 불쾌한 기록을 남기지 않을 수 있다.

'상처를 준 사람은 금방 잊어버리지만, 상처를 받은 사람은 잘 잊어버리지 않는다'는 것은 인간관계에서 분명하게 확인된 사실이다. 일부 사람들은 "비 온 뒤에 땅이 굳는다", "좋은 게 좋은 거야", "시간이 약이야" 등 좋은 말을 다 가져다 붙이지만 설득력 있게 검증된 바가 없다. 인간의 기억 장치는 그렇게 단순하지가 않다. 오히려 상처 준 사람은 시간이 지날수록 사건을 잊어버리거나 축소해서 기억하는 반면, 상처받은 사람은 시간의 흐름 속에서 사건을 확대해서 기억하게 마련이다.

흔히 쿨cool하다는 말은 '뒤돌아보지 않는다, 필요 이상의 감정 소모는 바보짓이다'와 같은 의미를 담아 자주 쓰인다. 세상에는 두 종류의 쿨한 사람이 있다. 상처를 주는 입장에서 쿨한 사람과,

상처를 받는 입장에서 쿨한 사람. 안타깝게도 내 좁은 경험에서는 '상처받고 쿨한 사람은 없다'는 것만 확인했다. 화가 나는 상황에도, 손해를 보는 상황에도, 눈물이 나는 상황에도, 질투가 나는 상황에도 "난 괜찮아"를 외치는 사람들을 많이 보기는 했지만, 대부분은 진심이 아니었다. 사람들은 슬프지 않은 척, 질투나지 않는 척, 화나지 않는 척 잊으려 노력할 뿐이다. 그러나 인간의 뇌와 감정은 그런 상처를 쉽게 잊도록 프로그램되어 있지 않다.

혹시 당신은 쿨한 사람인가? 만약 그렇다면, 상대를 위해 관계의 거리를 지킬 줄 아는 매너가 당신을 더 멋지게 만들어 줄 것이다.

진정한 자기주장, '선 긋기'

> 사랑하는 사람들이 자신을
> 함부로 대하는데도 가만히 있는다면,
> 당신은 결국 그것 때문에 그들을 미워하게 될 것이다.
> _ 앤드루 매슈스

　살다 보면 자기주장이 꼭 필요한 순간들이 있지만, 인생의 경험이 늘어날수록 우리의 태도는 미온적으로 변한다. 자기주장으로 불이익을 경험했거나 배척당한 기억이 있는 사람일수록 부담을 느낀다. 물론 자기주장을 관철할 때도 지켜야 하는 선이 있다. 너무 잦거나, 이상적이지만 현실과 동떨어지거나, 행동이 따르지 않는 자기주장은 관철하기 어렵다. 적절한 행동 범위도 있다. 대체로 이 범위를 넘을 때는 문제가 생긴다.

　가정에서든 회사에서든 먼저 자신의 범위를 알아야 한다. 부모와 자식의 역할이 같을 수 없다. 따라서 책임도 다르다. 직장에서도 팀원과 팀장, 임원과 사장 등 각자의 위치에 따라 판단도 책임도 다를 수밖에 없다. 위치에 따라 자신의 행동 범위를 지키는 것은 중요한 일이다. 상사도 부하 직원도 선을 넘을 때 다양한 문제와 불이익을 경험하게 된다. 이 과정에서 신뢰를 잃거나 혹은 전화위복으로 신뢰가 쌓이기도 한다. 기회를 얻고, 기회를 잃는 일이다.

"자기주장을 완성하기 위해 필요한 게 뭔지 아나?"

"주장에 대한 정확한 근거와 설득력이 있어야 한다고 생각합니다."

"그게 전부인가?"

"실행력과 함께 결과로 보여 줄 수 있어야 한다고 생각합니다."

"더 중요한 것이 있다네. 일단은 자기주장을 관철하는 게 중요해. 그러기 위해서는 열 가지 중 덜 중요한 것 여덟 가지를 버릴 수 있는 용기가 필요하지. 답답하고, 입이 근질근질하고, 미칠 것 같아도 참아야 한다네. 그러곤 진짜 중요한 것 한두 가지를 밀어붙여야 해. 사람은 늘 옳은 판단을 할 수가 없어. 설득력은 그때 필요한 거야."

지금은 고인이 된 대성그룹 창업주가 들려준 이야기다. 나 역시 사람들과 대화를 나누다 보면 답답함을 느낄 때가 있다. '저건 내가 아는 건데', '분명 내 말이 맞는데' 하는 생각 때문이다. 그런데 어느 정도 시간이 지나고 나서 내 생각이 틀렸을 때를 종종 경험한다. 모든 일은 시기와 상황에 따라 달라지는 면이 있기 때문이다. 관계도 마찬가지다. 사람들에게 벌어지는 일 중에 그때는 맞고 지금은 틀린 일들이 많다. 지금 정답인 것들이 내일도 정답이라는 보장은 없다. 때로 사람은 자신의 확신과 경험 때문에 자기모순에 빠지기도 한다.

우리 모두는 옳을 때도 있고 틀릴 때도 있다. 실수할 때도 있고 아무 잘못 없이 오해를 받아 억울할 때도 있다. 그렇다고 그 모든 유동적이고 가변적인 옳고 그름에 대해 일일이 자기주장을 하다가는 주위에 사람이 점점 없어진다. 열 가지 가운데 중요한 한두 가지, 관계에서 그것은 단연코 '선 긋기'에 대한 자기주장이다. 이는 건강한 관계를 위해 상대에게 '나를 위한 거리'를 알려 주는 일이다. 물론 상대가 알려 주는 선 긋기의 자기주장도 똑같이 중요하게 받아들여야 한다.

이런 자기주장은 모호하지 않고 확실할수록 좋다. 다만 관계가 시작되자마자 이와 같은 태도를 취한다면 정이 없어 보인다거나 다가가기 힘들게 벽을 치는 느낌이라는 말을 들을 수 있다. 이때 필요한 것은 자기만의 확실한 기준과 타이밍이다. 이것만은 양보할 수 없는 선, 상대가 지켜 주기 바라는 거리의 기준을 정해 두고, 너무 빠르거나 늦지 않은 타이밍에 확실하게 자기주장을 내보여야 한다. 관계 맺기가 어느 정도 자리를 잡았을 때 제시되는 이러한 선 긋기의 자기주장은 진정한 관계를 유지해 나가기 위한 첫 단추와 같다.

특히 우유부단한 사람들 중에 직장에서 선 긋기의 기회를 놓친 경우, 조직 내 관계의 거리가 엉망이 되어 자신을 짓누르며 손해와 상처를 입는 경험을 하게 된다. 아직까지 우리 사회는 겸손하고 자기표현을 절제하는 태도를 사회생활에 유리한 미덕으로 여기는 풍조가 있다. 그러나 절제가 지나쳐 관계의 기본 거리조차 보호받지 못하는 상황에 처해서야 곤란하다. 선을 넘는 사람도 한두 번 넘다 보면 권리로 인식하고, 당하는 사람도 한두 번 당하다 보면 바보가 되어 버린다.

"조 과장, 이 일 좀 해 줘."

"팀장님, 일이 너무 많아요. 진짜 힘들어요."

"다들 일 많아. 그냥 좀 해."

"아 정말, 한계라니까요."

"김 과장, 이것 좀 해 줘."

"네."

"김 과장, 이것도 좀 해 줘."

"네."

'남들은 팽팽 놀고 있는데…… 왜 매번 바쁜 나한테만 일을 시키는 걸까?'

조직에 따라 차이는 있지만, 감정 표현에 솔직하고 말이 많은 사람에 비해 묵묵히 일하는 사람이 일을 더 많이 하게 되거나 허드렛일을 도맡아 하게 된다. 말이 많은 직원에게 일을 시키는 데는 불편이 따르는 반면, 묵묵히 따르는 직원에게 지시하는 데는 상대적으로 부담이 없기 때문이다. 부담이 없다고 해서 관계를 편하게 느낀다는 뜻은 전혀 아니다. 상사 입장에서는 말 많은 사람은 부담스럽다. 반면 너무 자기주장이 없어도 힘들다. 어떤 상태인지 알 수가 없기 때문이다. 이는 직장이 아니라 다른 어떤 조직이나 관계에서도 마찬가지다. 자기표현이 지나쳐도 곤란하지만 자신에 대해 알려 주지 않으면 상대로선 아무것도 알 도리가 없다. 자신을 위해서도 상대를 위해서도 '선 긋기'에 대한 주장은 분명하게 해야 한다. 그래야 상대도 지켜야 할 거리를 인식할 수 있다.

내 맘 같지
않다고?

세상이 변하길 원한다면
당신부터 변해야 한다.
_ 마하트마 간디

중소기업을 운영하는 홍 대표는 내 마음 같지 않은 직원들 때문에 힘들다고 열변을 토했다. 신입 사원을 뽑아서 일을 가르치고, 일을 시킬 만하면 퇴사하는 경우가 무한 반복된다는 것이었다. 직원들을 가족처럼 생각했다. 직원들에게 마음을 주고 밥도 사고 술도 사고 인격적으로 대접해 주었는데, 그들은 의리 없이 자기 살길만 찾아 떠났다. 나는 이야기를 듣는 내내 한마디 질문을 떠올렸다. '근데 가족처럼 생각하면 가족이 돼?'

홍 대표는 직원들에게 잘해 줘 봐야 소용없다는 말을 덧붙였다. 그리고 직원들을 대할 때 공과 사를 철저하게 구분하기로 경영 철학을 바꿨다. 이전보다 업무 지시를 분명하게 했고, 회사가 직원에게 지켜야 하는 법의 경계를 정확하게 했다. 또 모질다는 생각이 들었지만 공적인 부분을 제외한 개인적인 아량을 모두 회수해 버렸다. 이후에 어떤 일이 일어났을까? 신기하게도 그 회사는 그때부터 직원들의 퇴사가 거의 없다. 홍 대표 말처럼 직원들에게 문제가 있었던 걸까? 아니, 반대다. '가족처럼'이라는 말은 '가족이다'와 동의어가 아니다. 물론 상대도 그 사실을 안다.

아직까지도 우리 사회는 밤낮없이 열심히 일하는 것을 바람직한 노력으로 생각하는 문화가 팽배하다. 상사의 지시에 군소리가 없는 사람, 매일 야근하는 사람, 주말에도 출근하기를 마다하지 않는 사람에게 평가가 후한 편이다. 그들은 대체로 책임감 있고 열심히 일하는 직원으로 평가받는다. 가정의 모습도 별로 다르지 않다. 자녀의 방문을 열 때마다 공부하는 모습을 본다면 부모는 기분이 좋다. '열심히 하는 아이'로 보이기 때문이다. 처세술이 필요한 곳이라면 이런 방법은 언제나 효과적이다. 개인적 관계에서도 이런 일은 꽤 많다. 과연 바람직한 모습일까?

예를 하나 들어 보자. 양 팀장은 업무 시간에 빈둥빈둥 놀다가 퇴근 시간이 가까워 오면 일을 하기 시작한다. 퇴근 무렵 회의를 시작하고 업무 지시도 한다. 내일까지 보고하라는 지시도 서슴지 않는다. 리더에게도 아랫사람들에게도 독이 되는 업무 방식이다. 이렇다 보니 직원들도 상황에 적응해 팀장과 같이 놀다가 퇴근 무렵부터 일을 하기 시작한다. 문제는 업무 시간에 충실한 사람들이다. 업무 시간에 열심히 하고 자기 시간을 가지려는 사람은 졸지에

노는 사람이 되어 버린다. 양 팀장이 일찍 퇴근하는 직원에게 가장 많이 하는 말은 "일이 먼저야, 개인이 먼저야?"라는 질문이다.

양 팀장의 이런 행동은 어디에서 비롯되었을까? 하루는 양 팀장이 게임을 하고 있었다. 마침 직원들 격려차 사무실을 돌아보던 사장이 늦게까지 남아 있는 양 팀장을 발견했다. 사장은 "오, 역시 양 팀장밖에 없어. 양 팀장은 주인의식이 투철해" 하고 칭찬을 건넸다. 반면 정시에 퇴근한 직원들은 졸지에 주인의식이 없는 사람으로 낙인찍혀 버렸다. '열심히'로 비치는 모습이 '제대로 하는 것'을 막아 버린 것이다. 공과 사의 구분이 모호해지면 비정상이 정상이 되고, 정상이 비정상이 되기도 한다.

사람들, 특히 리더들은 사적 영역이 공적 영역에 침범하는 것을 경계한다. 일에 영향을 끼친다고 판단하기 때문이다. 반면 공적 영역이 사적 영역을 침범하는 데 대해서는 무신경하다. 그래서 직장에서의 공사 구분은 대부분 편파적으로 작용한다. 그러나 리더들의 바람과 달리 이는 결국 공과 사를 모두 망칠 뿐이다.

2002년 우리나라는 전 세계인의 주목을 받았다. 세계적인 축제 FIFA 월드컵에서 4강 신화를 만들어 낸 것이다. 국가대표 선수들의 피땀 어린 노력의 결과다. 하지만 히딩크라는 명장이 없었다면 같은 결과를 만들어 내기 어려웠을 것이다. 한데 월드컵 전까지만 해도 히딩크 감독에 대한 우려의 시선이 많았다. 그는 축구협회의 의견을 무시하는 독단적인 감독이었다. 선수를 선발하는 과정,

훈련하는 과정도 남달랐다. 학연과 지연, 외압과 관행을 이겨 내고 실력만으로 국가대표를 선발했다. 훈련은 혹독했고 엄격한 규칙을 적용해 열외가 없었다. 반면 쉬는 날의 외출, 외박 등은 철저하게 자율을 보장했다. 또 훈련이 없는 시간의 사적 관계에서는 선수들을 가족이나 친구처럼 편안하게 대했다. 장난치고 같이 어울렸다.

결국 우리 대표팀은 월드컵 4강 진출이라는 신화를 만들어 냈다. 히딩크는 분명 대단한 리더십을 가진 사람이다. 하지만 그의 리더십은 매우 단순했다. 공과 사를 구분하는 것만으로 선수들을 움직인 것이다. 훈련 때도 가족 같은 감독이 아니라, 자신도 선수들도 역량을 십분 발휘할 수 있는 프로 정신으로 공적 영역을 채운 것이 그 리더십의 비결이 아닐까?

누구나 "공과 사의 구분을 분명히 해야 한다"라고 말한다. 하지만 그 말의 사용법은 많이 다르다. 공사 구분은 쉬워 보이지만 매우 어려운 일이다. 먼저 익숙함과 편안함을 자제해야 한다. 때로는 내 편이라 생각하는 사람들에게 싫은 소리도 해야 하고, 싫어하는 사람에게 칭찬도 해야 한다. 잘못 지적하기, 잘한 일 칭찬하기는 당연한 일 같지만 사람들은 생각보다 편파적이다. 그래서 생긴 말이 "우리가 남이야?" 같은 말이다.

공적 영역에서 '우리'는 '남'이어야 한다. 그래야 지시하고 따르는 일에 합리성과 정당성이 부여된다. 이 경계를 흐리는 편한 리더십을 위한 '공적 강요'는 생명력이 짧다. 반면 상대에게 거리를 지키는 '사적 배려'는 관계에 힘으로 작용한다. 또 생명력도 길다.

교감 없는 관계는
일방통행이다

누군가와 서로 공감할 때,
사람과 사람과의 관계는
보다 깊어져 갈 수 있다.
_ 오쇼 라즈니시

"훌륭한 커뮤니케이터는 상대의 언어를 사용한다." 세계적인 미디어 석학 마셜 매클루언Marshall McLuhan의 말이다. 대화의 기본적인 목적은 소통이다. 듣기 위해 말하고, 말하기 위해 들어야 한다. 여기에 한 가지 더 필요한 것이 상대의 반응을 확인하는 것이다. 이 세 가지가 합쳐져야 진정한 소통이 완성된다.

나의 의사를 전달하려면 우선 상대가 무엇을 말하는지, 의중이 무엇인지, 환경은 어떤지, 감정 상태는 어떤지 등을 살펴야 한다. 같은 말도 상대의 환경이나 감정 상태에 따라 전달되는 정도가 다르기 때문이다. 만약 내 말이 상대를 불편하게 한다면 멈춰야 한다. 꼭 해야 하는 말도 "다음에 다시 얘기하자" 정도로 시간을 주는 것이 좋다. 만약 상대가 잘 듣지 못했다면 다시 말해 주면 된다. 그러나 들을 준비가 되어 있지 않은 거라면 아무리 강하게 이야기해도 상대는 듣지 못한다. 사람들 사이에는 이 부분에서 오해와 다툼이 많이 생긴다.

"사장님, 여기 반찬 좀 더 주세요."

"김 대리, 여기 손님한테 반찬 좀 더 가져다드려."

"……"

"사장님, 반찬 좀 더 달라니까요?"

"김 대리, 여기 반찬 가져다드리랬잖아. 여태 안 드리고 뭐 한 거야?"

언젠가 가족들과 외식을 하면서 본 상황이다. 음식점 사장이 손님의 요청을 직원에게 전달했다. 그 직원은 다른 테이블의 손님들을 응대하던 중이었고 바쁜 상태였다. 사장의 지시를 듣지 못했다. 사실 사장이 혼잣말로 지시를 했다는 것이 더 맞는 표현이다. 지시할 때 직원의 얼굴조차 쳐다보지 않았으니까. 사장은 직원을 질책했지만, 직원은 황당해하는 표정이었다. 이후에 다시 방문했을 때 그 직원은 그만두고 없었다. 사장의 잘못이다. 어떤 사람도 들리지 않는 말에 반응할 수는 없다. 이 상황에서 자기 말을 잘 들었는지 확인하는 것은 사장의 몫이다. "네", "알겠습니다"의 반응만 확인했다면 아무 문제도 생기지 않았을 것이다.

한 TV 연예 프로그램에 출연한 배우 황승언은 존경하는 선배가 있느냐는 사회자의 질문에 유재석을 지목하며 그 이유를 이렇게 말했다. 2년 만에 만난 자신에게 "승언아" 하고 이름을 불러 주었다는 것이다. 무명 생활이 길었던 자신을 기억하고 이름을 불러 준 것만으로도 따뜻한 감동을 느낀 것이다. 유재석과 관련한 일화는 상당히 많다. 동료들에게 베푼 작은 호의, 무명의 후배에게 챙겨 준 5만 원의 택시비 같은 사소한 것들이다. 상대의 말에 귀 기울이고, 기억해 주고, 상대의 상황을 배려한 사소한 행동이 그를 '꽤 괜찮은 사람'으로 만들었다. 그는 사람을 남기는 관계의 고수다. "등을 밀어 줘야 내 등도 밀어 줄 것 같아서 그랬다"라는 그의 말은 유재석이라는 사람을 더 멋져 보이게 한다.

"최 팀장, 담배 한 대 피우러 갑시다."
"저, 담배 안 피우는데요."

어색한 대화는 아니다. 하지만 이런 대화가 반복된다면 이야기가 달라진다. 비흡연자라는 사실을 매번 말해 줘도 기억을 못한다면 성의가 없다는 느낌을 받는 것이 당연하다. 최 팀장은 회사 대표에게 3년째 이 말을 듣고 있다. 그때마다 "저, 담배 안 피우는데요"라고 말하며 고개를 갸웃거린다. 담배를 빌미로 이야기 좀 나누자는 상황도 아니기에 늘 당황스럽다. 일할 때는 어떤지 모르지만, 이런 경우라면 대표와 직원들 사이에 소통도 좋은 관계를 맺는 것도 어렵다. 이 회사 대표는 하수다. 요직에 있는 팀장의 마음조차 얻지 못하니 말이다.

"최 팀장, 식사하러 갑시다. 뭐 좋아해?"

"순댓국 좋아합니다."

"그래, 짜장면이나 먹으러 가지."

이 대화에서 소통이 느껴지는가? 의미 없는 말이나 상대의 기분을 상하게 하는 말은 차라리 하지 않는 편이 좋다. 질문을 함부로 하는 것은 좋지 않다. 조직의 리더라면 특히 주의가 필요하다. 그런 일이 반복되면 직원들은 리더를 양치기 소년 보듯이 보게 된다. 상대의 의사를 반영할 생각이 없다면, 대화법이 달라져야 한다. 즉 이 경우라면 뭘 좋아하는지 물을 필요 없이 그냥 "최 팀장, 짜장면 먹으러 갑시다!" 하고 말하는 게 낫다.

세상에는 세 종류의 언어가 있다. 말하는 사람의 언어, 듣는 사람의 언어, 서로 주고받는 언어가 그것이다. 자기 말만 하는 사람은 하수, 상대의 이야기를 듣기만 하는 사람은 중수, 상대의 반응을 확인하면서 이야기하는 사람은 고수다. 진짜 통하는 관계를 만들고자 한다면 대화할 때 상대의 상태, 기분, 환경 등을 확인하는 것은 필수 조건이다. 소통을 하려는 의지만 있다면 우리는 누구나 관계의 고수가 될 수 있다.

관계의 감정도
나이를 먹는다

> 사랑이란 서로 마주 보는 것이 아니라
> 둘이서 똑같은 방향을 내다보는 것이라고
> 인생은 우리에게 가르쳐 주었다.
> _ 생텍쥐페리

20세기의 가장 위대한 뮤지션이라 불리는 비틀스The Beatles의 역사는 17세의 존 레넌이 15세의 폴 매카트니를 만나면서 시작되었다. 전 세계를 열광시킨 이 밴드는 안타깝게도 채 10년을 채우지 못하고 해체되었다. 존 레넌의 아내 오노 요코 때문이라고도 하고, 폴 매카트니의 독재 때문이라고도 한다. 해체의 이유야 당사자들의 입장에 따라, 혹은 해석하기에 따라 달라지는 것이니 명확히 정의 내릴 수 없다. 하지만 이와 비슷한 경우를 우리는 수없이 목격하고 또 직접 경험할 수 있다. 록그룹이나 아이돌도 5년, 10년을 넘기려면 해체 위기를 한 번쯤 극복하게 마련이고, 권태기 없는 오랜 연인이나 부부는 찾아보기 힘들다. 이런 현상들을 한마디로 정의하면, 고립 효과에 의한 관계의 노화라 할 수 있다.

관계의 노화에는 두 종류가 있다. 관계의 경험이 많아지면서 자연스럽게 생기는 노화 현상과, 같은 공간을 사용하면서 생기는 노화 현상이다. 오랜 시간을 함께하거나, 같은 공간에서 함께하는 시간이 많을수록 노화가 빨라진다. 사랑하는 연인이 결혼을 하면 다툼이 많아지는 것도, 가끔 만나던 친구를 자주 만나면 다툼이 생기는 것도 관계의 노화가 빨라지기 때문이다.

이러한 관계의 노화는 심리적 현상이다. 서로 익숙해지는 만큼 관계의 거리를 지키는 데 소홀해지고, 그러다 보면 사소한 일에도 쉽게 지치고 감정이 격해진다. 매일 붙어 있는 부부에 비해 주말부부가 다툼이 적은 것은 그만큼 노화 현상이 더디다는 뜻이다. 직장인들은 일보다 사람이 힘들다고 한다. 자연스러운 일이다. 가족보다 더 많은 시간을 함께 보내기 때문이다. 그것도 같은 공간에서 말이다. 그러니 직장에서 좋은 관계를 유지하려면 거리 두기가 필수다.

안티에이징antiaging이라는 말이 보편적으로 쓰이는 오늘을 살아가는 우리는 모두 알고 있다. 노화를 늦출 수는 있어도 멈출 수 없다는 것을. 과거에 비해 사람들이 젊어지고 있다. 40~50대 정도의 나이로 나이 먹었다고 거들먹거리면 눈총받는 시대가 되었다. 40대만 돼도 꼰대 소리 듣던 선배 세대에 비해 지금은 많은 것이 달라졌다. 다들 외모도 젊어졌고 성격도 더 개방적이다. 이제 더는 나이 들어 가는 것이 늙어 감의 기준이 아니다. 방부제를 먹은 것처럼 블링블링한 꽃중년들이 즐비한 세상이다. 물론 이 모든 것은 '과거에 비해서'라는 전제를 달아야 한다.

몸살을 앓아도 잠만 푹 자고 일어나면 개운해지는 때가 있다. 심한 감기에 걸려도 얼큰한 국물 한 사발로 툭툭 털고 일어나는 때가 있다. 그것도 잠깐, 어느 순간부터 약을 먹어도 상태가 좋지 않은 때가 생기기 시작한다. 한두 번 그러다 말겠지 하지만 몸은 스스로 기억한다. 내 몸이, 체력이 늙어 간다는 것을. 외모가 늙기를 더디 하고 정신이 늙기를 거부해도, 몸은 노화를 진행하는 것이다.

관계의 노화 현상도 몸이 나이를 먹는 것과 다르지 않다. 조금 서운해도 쉽게 풀리는 때가 있고, 큰 싸움을 가까워지는 계기로 삼는 때가 있다. 조금 손해 보는 일이 생겨도 애교로 봐주는 때가 있고, 큰 잘못을 해도 '얼마나 어려우면 그랬을까' 하는 심정으로 보듬을 때가 있다. 그런 행동이나 감정 들도 신체와 함께 나이가 들어 간다. 나도 모르는 사이 조금씩 피로가 쌓이고, 과하게 누적되면 병이 되기도 한다. 무던한 성격인 사람들조차 피해 갈 수 없다. 어떤 시기가 되면, 잊고 있던 작은 상처의 조각들까지도 기억해 낸다. 생각보다 사람은 본능에 충실한 존재다.

"야, 참아", "사람 다 거기서 거기야", "힘든 건 다 순간이야", "잊어버려. 그런 건 빨리 잊는 게 약이야". 이런 말을 해 주던 사람이 사소한 일에도 버럭 화를 내고 이유 없이 사람에 대한 실망을 느끼기 시작한다면 관계의 노화 현상이 시작된 것이다. 이때는 결코 '시간이 약'이 아니다. 시간이 약인 경우는 말 그대로 시간이 지나거나 환경이 바뀌면 해결되는 일이어야 한다. 의무 복무하는 군생활처럼 말이다. 하지만 지속해야 하는 관계는 다르다. 사람을 급격하게 노화시키는 일에 대해 시간만 보내는 것은 해결책이 되지 못하므로 적절한 방법을 찾아야 한다. 혼자 해결할 수 없다면 외부의 도움을 받는 것도 고려해야 한다.

"빗방울이 바위를 뚫는다"라는 말이 있다. 바위처럼 단단한 개체도 빗방울이 몇 년이고 반복해서 떨어지면 그 부위가 파이고 구멍이 난다. 바위가 상처를 입는 것이다. 사람의 마음은 바위처럼 단단하지도 않다. 마음은 연약하고 가벼운 재질로 되어 있다. 깨지기 쉽고 다치기 쉽다. 쉽게 상처받지만, 쉽게 봉합되지는 않는다. 그래서 거리 두기가 필요하다. 거리 두기는 노화 현상을 막지는 못해도 늦출 수 있는 좋은 방법이다. 물론 노화 과정에 단점만 있는 것은 아니다. 그 과정을 거치다 보면 더 좋은 관계, 꼭 남겨야 하는 사람 들이 가려지는 긍정적 효과도 있다.

관계는 관심과 애정을 기울여 수시로 노력해야 하는 대상이다. 그래야 노화를 늦출 수 있다. 스트레스가 많은 관계는 거리를 둬야 하고, 소원해진 관계는 좀 더 밀착시켜야 한다. 20대처럼 혈기왕성한 시기에는 사람을 많이 만나고 또 잃어 가면서 관계가 단단해진다. 그런 과정에서 어떤 상황이 관계를 위태롭게 하는지, 어느 정도 거리를 지켜야 하는지를 배우게 된다. 하지만 30대, 40대에 접어들면 지켜야 하는 관계와 멈춰야 하는 관계를 구분할 줄 알아야 한다. 감정을 축내는 관계는 사람을 병들게 하기 때문이다. 어차피 오래가지도 않는다. 그들을 놓지 못하면 유지해야 하는 다른 관계들까지 망치게 된다. 관계도 선택과 집중이 필요하다. 그것이 효율적으로 관계의 노화 현상을 늦추는 길이다.

'좋아요' 100번 눌러 봐야
내 친구는 아니다

누구에게나 친구는
어느 누구에게도 친구가 아니다.
_ 아리스토텔레스

SNS는 개인의 의견을 쉽고 빠르게 공개적으로 표현할 수 있는 수단 중 하나다. 그리고 현대인의 관계에서는 대면 관계만큼이나 중요한 비중을 차지하는 공간이기도 하다. SNS의 관계 맺기에는 여러 장점이 있다. 첫째, 지인들과 소통하기가 쉽다. 관계가 소홀했던 사람들과의 교유는 오히려 늘어난다. 연락되지 않아 관계의 끈이 끊어질 수 있는 사람들과의 인연이 이어지기도 한다. 시간 여유가 없어서 만나지 못하는 사람들의 근황도 쉽게 알 수 있다. 둘째, 새로운 친구를 만들기가 쉽다. 오프라인에 비해 온라인의 소통은 가볍고 부담스럽지 않다. 셋째, 다양한 분야의 사람과 연결이 된다. 평소 자신에게 없는 인맥과의 교유도 SNS를 통하면 쉽게 이루어진다.

직접 만나거나 연락하지 않아도 '좋아요'를 누르거나 댓글을 다는 것만으로 우리는 상대에게 자신의 감정이나 생각을 나타낼 수 있다. 다만 쉽게 표현할 수 있는 만큼 실수하기도 쉬우므로 주의가 필요하다. SNS 공간에는 내가 느끼는 것보다 더 많은 사람이 연결되어 있기 때문이다. SNS의 알고리즘에 의해 내가 쓴 글이나 댓글은 불특정 다수가 볼 수 있다. 때로는 지인에게 단 댓글이 다른 사람의 기분을 상하게 하고 전혀 예상치 못한 분란을 야기하기도 한다. 이런 일은 흔하게 일어난다.

SNS의 연결망은 생각보다 넓다. 잘 관찰해 보면 관계의 확장판이다. 온라인의 한계성은 있지만 관계의 깊이도 만들어지며, SNS 친구에서 실제 인맥으로 발전하는 일도 많다. 때로 사업적으로 중요한 연결 고리가 되기도 한다. 이곳은 위험과 기회가 공존하는 관계의 공간이다.

|||||||||||||||||||||||||||||||||||||||||||||||||||||||||||||||||||||||||||||||||||||||||||||||||||||||||||||||||||||

"딸과 일본 여행은 즐거웠어?"

"회장님, 어떻게 아셨어요?"

"페이스북에서 봤지."

"페이스북 안 하시잖아요."

"응, 요즘 다시 해. 내 후배 김 대표도 당신을 알던데?"

"그분과 친구셨어요?"

"응, 오래된 친구지."

나는 페이스북을 10년째 사용하고 있다. 이곳에서 연락이 끊긴 친구와 다시 연결되기도 했고, 꼭 만나고 싶던 은사님을 다시 만나는 행운을 누리기도 했다. 그것도 27년 만에 말이다. 이곳에서 만난 인연으로 내가 하는 일에 도움을 받기도 했고, 소소하지만 다른 사람의 일을 돕기도 했다.

SNS의 확장성은 무서울 정도다. 온라인의 익명성을 이용하는 이상한 사람들이 있으므로 조심해야 한다는 견해도 많은데, 나는 사용법에 따라서 다를 수 있다고 생각한다. 오히려 밖에서 보지 못했던 사람들의 민낯을 볼 수 있는 계기가 되기도 한다. 실제로 일부 기업은 채용 시에 지원자의 평판 조회를 위해 SNS 흔적을 확인하기도 한다. 오프라인에서 관계를 잘 못하는 사람은 이곳에서도 마찬가지다. 다른 곳에서 말을 함부로 하는 사람은 이곳에서도 말을 함부로 한다. 공간이 달라진다고 사람이 달라지지는 않기 때문이다. 내가 10년간 경험하고 느낀 바로도 대체로 오프라인에서 관계를 잘하는 사람은 온라인상의 관계도 좋다.

SNS를 잘 사용하면 분명 관계의 확장에 도움이 된다. 그러나 개인의 사용법에 따라 일에 지장을 주기도 하고 시간 낭비가 되기도 한다. 중독성이 강하기 때문에 지나치면 독이 될 수 있다. 특히 다음 세 가지는 SNS로 관계를 맺고 확장할 때의 단점이자 조심해야 할 점들이다.

첫째, 사생활 노출이 심하다. 보여 주는 것을 즐기는 사람도 있지만, 노출을 원하지 않는 사람에게는 여간 불편한 것이 아니다. 보여 주기 싫은 사람에게도 쉽게 노출되고 쉽게 공유된다. 의외로 내 의지와 관계없이 침범되는 내 영역이 많다.

둘째, 상대적 박탈감을 느끼기에 충분한 환경이다. 온라인 공간의 특성상 원하지 않아도 수많은 게시물을 보게 된다. 고급 외제 차를 새로 구입했다는 사람, 일상이 여행인 사람, 맛있는 것만 먹으러 다니는 사람이 아주 많다. 당신 역시 그런 현상에 일조하는 사람일 수 있다. 자신에게 힘든 일이 많을수록 이런 게시물들만 유독 눈에 들어오고, 그러다 보면 스트레스가 쌓인다. '다 잘 살고 있는데, 나만 힘든 건 아닐까?' 하는 생각이 들기도 한다. 하지만 '다 잘 살고 있다'가 아니라 '좋은 모습, 보여 주고 싶은 모습만 올린다'가 진실이다.

셋째, 이상한 사람을 만나서 마음고생을 하기도 한다. 실제로 내 주변에는 스토커 같은 사람들 때문에 힘들어하는 이들이 종종 있다. 메신저로 자신의 은밀한 부위를 노출하는 사람부터, 말꼬리를 잡아 지속적으로 괴롭히는 사람까지 유형도 다양하다. 사람이 모인 공간에는 항상 좋은 사람, 나쁜 사람, 이상한 사람이 공존한다.

쉽고 간편하게 이용할 수 있는 관계의 플랫폼인 SNS는 예측의 범위를 넘어서는 확장성으로 인해 뜻밖의 행운이나 곤란을 야기하기도 한다. 특히 생각 없이 올린 글 한 줄이 자신에게 평생의 오점이 되기도 하고 누군가에게 돌이킬 수 없는 상처를 주기도 한다. 한번 내뱉으면 주워 담기 힘든 말 이상으로, 한번 올린 SNS상의 게시글은 파급력이 치명적일 수 있다. SNS를 관계의 긍정적 도구로 사용하기 위해서는 이런 부정적 영향에 대한 신중한 고민이 반드시 전제되어야 한다.

나를 위한 거리 vs 상대를 위한 거리

나를 위한 거리	상대를 위한 거리
나는 상대와 다르다	상대는 나와 다르다
격이 없어야 좋은 관계다	격이 있어야 좋은 관계다
싫은 것은 단호하게 "NO!"	상대가 싫어하는 것은 STOP!
상대에 대한 기대치를 낮춰라	상대에게 지나친 부담을 주지 마라
너무 좋은 사람이 되지 마라	너무 나쁜 사람이 되지 마라
필요할 땐 조언을 구해라	묻지 않을 땐 조언하지 마라
모르는 것은 배운다	함부로 아는 척하지 않는다
거리 두기는 나를 지킨다	거리 두기는 상대를 지킨다
공적인 것을 구분해라	사적인 것을 구분해라
좋은 사람을 만나라	좋은 사람이 돼 줘라

CHAPTER
2

적당한 거리 두기를 위한
관계 계산법

때론 계산이 필요한 관계도 있다

있다고 다 보여 주지 말고, 안다고 다 말하지 말고,
가졌다고 다 빌려주지 말고, 들었다고 다 믿지 마라.
_ 셰익스피어

"관계는 계산하는 것이 아니다!"라고 줄기차게 외치는 사람들
이 있다. 나는 그들 중에 실제로 계산적이지 않은 사람을 별로 본
적이 없다. 더 큰 문제는 그 계산이 전혀 정확하지 않고 자의적이
라는 것이다.

정말로 사람을 대할 때 계산적이지 않은 이들이 있다. 한데 그
들 대부분은 사람에 대한 깊은 실망을 경험했거나, 키워 가고 있
다. 여전히 진행형이다. 슬프지만 나의 48년에 걸친 인생 관찰 보
고서는 그렇다. 친구를 예로 들어 보자. 분명 어릴 때와 세월이 지
난 지금도 같은 친구인데 청소년기, 20~30대, 40대, 50대를 겪어
가면서 친구에 대한 개념과 관념, 거리도 조금씩 바뀌어 간다. 계

산이 없던 자리에 조금씩 계산기를 두드리는 우리를 발견하게 된다. 자연스러운 일일 수도 있지만, 관계에서 정산하지 않고 방치한 작은 상처 탓이 크다.

당신은 아니라고 말할 수 있는가? 만약 그렇다면 당신은 행복한 사람이다. 주변에 그만큼 이상적인 친구가 많다는 방증일 테니. 그러나 부럽지는 않다. 계산이 정확한가에 의문을 느낄 뿐이다. 〈최종병기 활〉의 명대사 "바람은 계산하는 것이 아니라 극복하는 것이다"라는 말을 관계에 적용하는 사람을 가끔 만나게 된다. 카리스마가 작렬하는 사람들이 대부분이었지만. 관계는 밀어붙이기로 만들어지지 않는다. 극복해야 하는 관계보다는 서로 협력하는 관계가 더 끈끈하게 유지된다.

우리는 다양한 이유로 관계를 맺는다. 가족으로, 친구로, 직장 동료로 사람들과 뒤섞인다. 그리고 그 모두는 하나같이 관계에서 소통이 잘되지 않아 생기는 어려움에 대해 이야기한다. 소통은 무언가를 주고받는 행위다. 어느 한쪽이 주기만 한다거나 받기만 한다면 제대로 된 소통은 이루어질 수가 없다. 말을 하기 위해 경청해야 하고, 듣기 위해 질문도 해야 한다. 그 과정에서 필요한 관심과 배려 같은 것들은 소통을 위한 마법의 양념과도 같다. 좋은 관계를 위해서는 관심과 경청, 적절한 표현 같은 재료와 양념 들을 잘 버무려야 한다. 줄 것은 주고 받을 것은 받는 과정은 서로의 깊은 이해와 건강한 관계를 위해 반드시 필요한 재료다.

따라서 관계에도 계산이 필요하고, 일정한 계산 방식이 있다.

이익을 위해 계산기를 두드리는 것을 생각하면 오산이다. 그보다는 나도 상대도 손해 보지 않기 위한 계산, 그럼으로써 궁극적으로 관계 자체에 이익이 되는 계산이라 할 수 있다. 이를 위해서는 자신을 포함한 인간의 모순된 심리에 대한 인정과 이해가 필요하다. 사람들이 본능적으로 하는 계산의 오류가 있다. 내가 상대에게 주는 것은 곱하기로 계산하고, 받은 것은 나누기로 계산한다는 사실이다. 게다가 이를 잘 인정하지도 않는다. 심리학자들은 이런 심리가 인간의 본능이라고 이야기한다. 최근에는 뇌과학자들도 이 계산의 오류를 뒷받침하는 통계에 합류하고 있다. 수치만 조금씩 다를 뿐 결론은 같다.

개인적인 실험에서 나는 관계가 3배수의 곱셈과 나눗셈으로 계산된다는 결론을 얻었다. 내가 집안일을 돕고 일정한 시간이 지났을 때, 나는 그것을 세 배 정도 비중으로 기억하고 있었다. 반대로 아내가 나를 도운 일은 3분의 1정도로 축소해서 인식했다. 사람들과의 관계에 대한 계산도 별반 다르지 않았다. 나의 개인적인 생활을 2년 정도 기록하고 통계를 낸 수치일 뿐이지만, 나는 이 통계가 꽤 합리적일 거라고 생각한다. 이를 확인하는 가장 좋은 방법은 당신의 데이터를 만들어 보는 것이다. 다만 조건이 있다. 반드시 기록하고, 일정한 기간을 두고 검증해야 한다. 사람의 기억이라는 부품은 생각보다 오류가 많기 때문이다.

관계를 정산하지 않으면 누군가는 항상 손해 보는 사람이 되어 있고, 누군가는 항상 이익을 편취하는 사람이 된다. 내가 만난 사람들 중 열에 여덟아홉은 타인에게 손해를 입었거나 상처를 받았다고 말했다. 반면 누군가에게 손해를 끼쳤거나 상처를 주었다고 생각하는 사람은 열에 한둘을 넘지 않았다. 이상하지 않은가? '나는 항상 베풀었지만 받은 사람이 없다', '상대는 늘 주었다고 하는데 나는 받은 것이 없다'. 주고받은 사람들의 계산이 맞지 않는 이기형적 구조도 말해 주듯, 관계에 대한 사람들의 계산은 그다지 합리적이지 않다. 관계를 잘하기 위해 오히려 정확한 계산이 필요한 이유가 바로 여기에 있다. 줄 건 주고 받을 건 받고, 잘못된 것은 인정하고 바꾸고, 버릴 것은 버려야 한다.

계산도 좋은 계산, 나쁜 계산, 이상한 계산이 있다. 관계에서 필요한 계산은 사람과 사람 사이를 더 돈독하게 만드는 유익함이어야 한다. 그런 의미에서 관계는 더더욱 철저하게 계산되고 정산되어야 한다. 그래야 관계에서 생기는 실수를 반복하지 않는다. 계산이 불명확하면 관계도 모호해진다. 모호함을 반복하면 원인도 모른 채 좋은 사람을 밀어내고, 그 빈자리를 나쁜 사람, 이상한 사람으로 채우게 된다.

요컨대 관계에서 계산은 나쁜 의미의 '계산적' 행동이 아니라, 관계를 지키기 위한 합리적 노력이다. 나를 미치게 만드는 '밑 빠진 독에 물 붓기'는 멈추고, 상대를 미치게 만드는 '넘치게 받은 것'은 돌려주어야 한다. 그것이 끈끈한 관계를 만드는 명확한 정산이다.

방정식을 알면
관계도 쉬워진다

> 우정이란 돈과 같아서
> 만들기는 쉬워도 간수하기는 어렵다.
> _ 새뮤엘 버틀러

　사람과 사람 사이의 관계에서도 여러 가지 산술 작용이 일어난다. 이를 분류해 보면, 서로에게 이익이 되는 덧셈의 관계, 손해가 되는 뺄셈의 관계, 복리 효과를 일으키는 곱셈의 관계, 밑 빠진 독에 물 붓기 식인 나눗셈의 관계, 이렇게 사칙연산으로 나눌 수 있다. 득이 되는 관계는 시간을 더해 갈수록 이익이 불어나고 실이 되는 관계는 시간을 더해 갈수록 손해가 늘어난다. 분명 일정하게 반응하고 계산이 되지만, 공식이 아닌 일종의 방정식이다. 이는 관계 방정식에 적용되는 변수의 값 때문인데, 그 변수에 따라 사칙연산이 참이 되기도 하고 거짓이 되기도 한다.

　관계의 계산에 영향을 주는 변수는 두 가지다. 하나는 성향과 살아온 환경이다. 변수지만 대체로 고정된 값이다. 그 사람과 오랜 시간을 보내지 않으면 정확히 알기 어렵고, 개인의 노력으로 바꾸기도 어렵다. 두 번째 변수는 상대의 현재 상태와 처한 환경이다. 이것은 유동적인 값이다. 이 부분은 상대에 대해 관심을 기울이면 파악할 수 있다. 그리고 노력으로 관계를 바꾸는 일이 얼마든지 가능하다. 대부분의 사람은 이 변수에 의해 작용하고 반응한다. 이 두 변수, 즉 바꿀 수 있는 부분과 바꿀 수 없는 부분만 구분해도 관계에서 제대로 된 계산을 할 수 있다. 이익을 내든 손해를 보든, 결국 선택의 문제일 뿐이다.

(+) 덧셈이 되는 관계 | 관계의 거리 존중

기본적인 매너, 즉 '상대에 대해 지켜야 할 거리'만 지켜도 관계는 덧셈이 된다. 그러나 사람들은 만남의 초기에는 상대에 대한 매너를 중요시하지만 가까워질수록 그것을 곧잘 잊어버린다. 어떤 특별한 재주도 기본기를 넘어설 수는 없는 법이다. 세상 모든 것은 단순함에 답이 있다. 기본을 지킬 때, 사람은 가장 강하게 연결된다. 그것이 신뢰의 연결 고리이기 때문이다.

사람에 대한 욕심이 생길 때, 성공하려는 욕심이 강할 때, 사람들은 실수를 하기 시작한다. 가까워지고 싶은 욕심에 상대의 기분을 상하게 하고, 성공하고 싶은 욕심에 기본을 무시한 채 지름길을 찾아다닌다. 하지만 아무리 애써 봐야 기본이 무너진 관계는 썩은 동아줄로 연결된 것과 같다.

기본에 더해, 상대의 애경사에 관심을 주고 챙긴다면 무엇보다 확실한 덧셈으로 연결된다. 좋은 일을 자기 일처럼 기뻐해 주고 슬픈 일에 같이 슬퍼해 주는 사람에게 열리지 않는 관계는 없다. 아무리 마음의 자물쇠가 단단한 사람도 기쁨과 슬픔을 함께해 주는 사람에게는 무장 해제된다.

(−) 뺄셈이 되는 관계 | 관계의 거리 무시

기본적으로 덧셈의 반대다. 기본적인 매너를 지키지 않으면 뺄셈의 관계가 된다. 상대를 배려하지 않고 관계의 거리를 자의적으로 넘나드는 행동은 점점 관계를 갉아먹고 나에 대한 상대의 신뢰를 고갈시킨다.

특히 가장 확실하게 상대를 상처입히고 관계를 무너뜨리는 행동이 있다. 바로 '상대적 박탈감'을 느끼게 만드는 것이다. 사업에 고전하는 사람 앞에서 "나 요즘 사업에 불붙었어", 승진에 실패한 사람 앞에서 "앗싸, 나 승진했다", 주식으로 재산을 잃은 사람 앞에서 "주식으로 돈 좀 벌었어" 같은 말은 승자의 저주로밖에 들리지 않는다. 물론 이 말을 하는 사람 입장에서만 보자면 상대의 시들하거나 냉담한 반응에 '함께 기뻐해 주면 좋을 텐데'라며 오히려 서운할 수도 있다. 하지만 이런 상황에서 평정심을 유지할 수 있는 사람은 드물다. 이 경우는 앞서 말한 관계 방정식의 두 번째 변수, 즉 '상대의 현재 상태와 처한 환경'을 고려하지 못한 잘못된 계산 때문에 마이너스를 초래하는 대표적인 실수 유형이다.

살이 쪄서 고민하는 사람에게 "야, 살 좀 빼"라거나, 결혼하려고 노력하는 사람에게 누굴 소개해 줄 것도 아니면서 "야, 눈 좀 낮춰"라는 등의 말은 대표적인 뺄셈의 말이다. 상대적 박탈감을 주는 말은 어떤 경우에도 상대에게 달콤하게 들리지 않는다. 속이 좁아서가 아니다. 인간의 본능이다. 세상에 본능을 이길 수 있는 사람은 그리 많지 않다.

(×) 곱셈이 되는 관계 | 관계의 거리 존중 + 상대가 느끼는 배려
+ 적절한 타이밍

상대에 대한 격려, 배려, 위로, 축하 등의 표현은 곱셈으로 작용한다. 곱셈의 관계에서 눈여겨볼 것이 있다. 배려가 세 번 반복되면 상대는 그것을 갚아야 할 빚으로 인식한다는 사실이다. 물론 상대가 배려로 인식했을 경우를 전제한다. 이는 2년간의 관찰로 내가 직접 확인한 내용이다. 일반적인 관계에서 사람들은 상대에게 세 번의 배려를 받으면 이를 마음의 노트에 기록했다. 심지어 실제보다 더 많이 받은 것으로 인식했다. 만약 세 번의 배려에도 돌아오는 것이 없다면 상황이 여의치 않아 갚지 못하는 경우일 가능성이 크다. 진심으로 베푼 호의는 관계라는 통장에 저축을 하는 것과 같아서, 언젠가는 되돌려받는다.

다만 앞서 전제했듯 나의 배려를 상대가 배려로 인식하지 않을 경우, 곱셈의 방정식은 성립하지 않는다. 이는 배려가 실제로 사소한 것이어서일 수도 있지만, 더 나쁜 경우는 상대가 나의 호의를 자신의 권리쯤으로 여기는 관계일 때다. 이런 사람은 배려받는 것을 당연하게 여기기에 되돌려줄 필요를 느끼지 못한다.

곱셈의 방정식이 성립하지 않는 경우가 또 있다. 아무리 큰 수라도 0을 곱한 값은 0이듯, 돌이킬 수 없는 관계에는 아무리 많은 노력을 투입해도 결과는 제로다. 이미 끝난 관계, 가망이 없는 관계, 상대가 거부하고 차단하는 관계에서는 노력이 무용하다. 이를 포기하지 못하고 관계에 절심함이 클수록 밑 빠진 독에 물 붓기를 하게 된다.

기본적으로 곱셈은 효과가 크다. 내가 관계에 투입한 노력을 배 단위로 늘리기 때문이다. 가볍게 던지는 "수고했어", "역시, 김 과장이야", "고마워" 같은 말들은 대표적으로 곱셈을 만드는 말이다. 이때 같은 격려, 배려, 위로, 축하의 말도 더 적절한 타이밍에 건네면 효과가 확실하다. 듣기 싫은 조언조차 타이밍이 좋으면 호의적으로 받아들이는 법이지 않은가. 그래서 고수들은 타이밍에 집중한다. 그들은 상대에게 더 많은 관심을 기울이고, 상황을 파악하고 순간을 포착하기 위한 센스도 갈고닦는다.

(÷) 나눗셈이 되는 관계 | 관계의 거리 무시 + 손해 + 어긋난 타이밍

관계의 방정식에서 가장 어려운 것이 나눗셈을 만드는 관계다. 관계의 사칙연산 중 계산이 가장 불명확하기도 하다. 90을 주면 30을 받았다고 인식하고 30을 주면 10을 받았다고 느끼니, 주는 사람에게도 받는 사람에게도 불합리한 일이다. 나눗셈의 방정식이 성립하는 대표적인 경우는 상대가 원하지 않는 양보를 할 때다. 딴에는 배려한다고 하지만 상대의 의중과 관계없이 배려를 하는 것이다.

한 부부가 있다. 결혼하고 10년 동안 외식할 때마다 남편은 메뉴로 한우를 선택했다. 연애할 때 아내가 잘 먹었던 기억 때문이다. 그러던 어느 날, 아내의 감정이 폭발했다.

"왜 매번 당신이 좋아하는 한우만 먹는 거야? 한 번쯤은 날 위해서 삼겹살 먹으면 안 돼?"

"무슨 소리야?"

"내가 삼겹살을 얼마나 좋아하는데."

"나는 당신 생각해서 10년 동안 무리해 가면서 한우 등심을 사 준 거야. 연애할 때 좋아한다고 했잖아?"

"그땐 당신이 좋아하니까 그냥 맛있게 먹어 준 거야."

분명 남편은 아내에게 양보했지만, 아내는 남편의 선택과 행동이 싫었다. 한 번쯤 표현만 했어도 해결될 문제다. 오랜 시간 둘 다 좋아하지도 않는 한우를 먹었으니, 양보한 사람은 있지만 배려받은 사람은 없다. 나눗셈의 관계가 된 것이다. 베푼 사람도 받은 사람도 손해다. 관계에는 이렇게 원하지 않는 양보를 주고받으면서 서로 불합리함을 느끼는 상황이 종종 발생한다. 이것은 작은 소통으로도 해결할 수 있다.

이보다 좀 더 미묘한 경우로, 한쪽이 베풀고 다른 한쪽이 받는 관계가 익숙해져 관성이 생겼을 때도 나눗셈의 방정식이 성립한다. 일상처럼 한결같이 베푸는 작은 호의는 실로 소중하지만, 그것을 당연한 듯 느끼게 되면 주는 사람으로서도 받는 사람으로서도 아까운 일이다. 상대가 느끼지 못한다면 멈추거나 방법을 바꿔야 한다. 가랑비에 옷 젖는다는 말이 있지만, 인간관계에서 가랑비처럼 베푸는 호의는 금세 말라 버릴 수 있다. 이럴 땐 차라리, 한 번을 주더라도 화끈하게 주는 것이 상대에게 각인된다. 줄 때는 화끈하게 주고 받을 때는 감사하게 받는 것이 'Givers Gain'(주는 사람이 받는다)을 만든다.

(0) 덧셈과 곱셈을 무력화하는 조커

"내 생각이 무조건 옳아."

"다 너를 위해서야."

이 두 마디는 덧셈과 곱셈을 제로화한다. 자제할수록 좋다.

결국 관계의 방정식에서 중요한 것은 덧셈과 곱셈을 돕고 뺄셈과 나눗셈은 방지하는, 기본적인 매너를 지키는 것이다. 소확행(작지만 확실한 행복)이라는 말이 유행처럼 번지고 있다. 관계의 기본 즉 거리를 지키는 것은 작지만 관계를 확실히 좋게 만드는 방법이다.

말하지 않아도 내 맘을 알아주겠지?
천만에!

말이 있기에 사람은 짐승보다 낫다.
그러나 바르게 말하지 않으면
짐승이 그대보다 나을 것이다.
_ 사아디

"화났어?"

"응."

"뭐 때문에 화난 거야?"

"그걸 꼭 말을 해야 알아?"

"말을 안 하는데 어떻게 알아?"

소통하지 않으면 문제를 풀 수 없다. 표현하지 않고 문제를 키우기보다 표현하고 다투는 편이 훨씬 효과적이다. 자신을 위해서도 상대를 위해서도, 사소한 것일지라도 귀찮더라도 표현하는 것이 좋다. 그래야 나도 상대도 마음이 홀가분하다. 나는 털어놓아 홀가분하고, 상대는 혼자 소설 쓰지 않아도 되니 홀가분하다. 또한 표현하면 상대의 반응을 확인할 수 있다. 상대의 반응을 알아야 계속하든 멈추든, 뭐든 할 수 있다. 결국 표현하기는 관계에서 범하는 실수를 줄이게 해 준다. 관계에서 생기는 문제는 대부분 실수나 오해가 원인이다.

짝사랑을 예로 들어 보자. 표현되지 않은 짝사랑은 외사랑을 넘어설 수 없다. 당연한 일이다. 혼자 시작하고 혼자 힘들어하고 혼자 끝내기 때문이다. 표현하지 않으면 상대는 알 길이 없다. 소문이나 짐작으로 안다 해도 확실하지도 않은데 "당신, 나 좋아하죠?"라고 말을 걸 수도 없는 노릇이다. 반면 표현하면 둘 중 하나의 결론을 얻게 된다. "나도 좋아요" 혹은 "미안해요"라는 답변이다. 후자의 경우라도 마음을 표현하고 확실한 답을 얻었으니 그만 마음을 정리하면 된다. 혼자 끙끙 앓기만 하고 끝내 마음 한번 전하지 못하는 것보단 훨씬 낫다.

사랑의 고백 같은 거창한 일이 아니더라도 표현함으로써 알 수 있는 것들이 많다. 어떤 사안에 대해 상대는 어떻게 생각하는지, 둘 사이에 문제가 있다면 무엇이 원인인지, 상대를 파악해야 한다면 그가 어떤 사람인지 등을 가려 낼 수 있다. 분명 관계에 효과적인 일이다. 다만 표현할 때는 정확하게 해야 한다.

이런 고객에게는 부동산 업자도 관심을 주지 않는다. 그들도 경험에 의해 가망 고객인지 아닌지를 알기 때문이다. 표현도 모호하고 정확한 정보를 주지도 않으면서 무턱대고 매물을 소개해 달라고 하면, 좋은 정보를 알려 주지도 않고 적극적으로 응대해 주지도 않는다.

이렇듯 잘 표현하는 것은 중요하다. 자신도 상대도 배려할 수 있으면 최고다. 그러나 잘 표현하는 것보다, 중요한 것은 표현하는 것 자체다. 위의 예에서 집을 사려는 사람은 질문에 대해 자기 의사를 표현하려는 노력조차 하지 않았다. 어눌해도 좋고 실수가 있어도 좋다. 상대에 대한 배려가 조금 부족해도 좋다. 간혹 배려가 지나쳐 좀처럼 표현하지 않는 사람들이 있는데, 사실은 표현하지 않는 것 자체가 실례다. 사람들이 가장 어려워하는 것이 표현하지 않는 사람이다. 그들은 혼자서 참고 또 참다가 갑자기 폭발하기도 하고, 애써 진행된 일을 마무리 직전에 다 뒤집는다. 부족해도 어눌해도 표현하는 것이 상대를 위한 배려다.

표현을 잘 하지 않는 사람들에게도 이유는 있다. 앞서 말한 배려가 지나친 경우 외에도 '쑥스러워서', '가볍게 느껴질까 봐' 같은 것들이다. 한데 이런 작은 이유들 때문에 그들은 표현하는 사람에 비해 많은 스트레스에 시달려야 한다. 상대가 나를 불편하게 하는 행동을 감수해야 하고, 불필요한 오해가 생기는 걸 지켜보고만 있어야 한다. 고마운 일이 있으면 "고마워"라고 이야기하고, 상대가 힘들게 하면 "이제 그만해!"를 외쳐야 관계가 건강해진다.

상대의 잘못이 내게는 분명히 보이는데 당사자가 모른다면 이유는 둘 중 하나다. 첫째는 개념이나 예의 자체가 없는 사람이다. 이런 경우라면 관계의 정리를 심각하게 고민해야 한다. 사람은 쉽게 바뀌지 않는다. 둘째는 몰라서 실수하는 경우로 대부분이 여기에 속한다. 왜 그러는지, 자기가 무슨 잘못을 했는지 등을 진짜 모르는 것이다. 눈치가 없는 경우도 있지만 말해 주지 않아서 모르는 때가 더 많다. 인간관계에서 "이 정도는 알아야지"라는 말은 많은 이들에게 외계어만큼 어렵다. 말하는 쪽은 당연히 알아야 한다고 생각하지만 상대는 '말을 해야 알지'라는 생각이 가득하다. 상대가 표현하지 않는 말은 2와 e를 구분해서 듣는 것만큼이나 어렵다.

관계는 사람과 사람의 소통으로 이루어진다. 서로 소통이 잘될

수록 더 좋은 관계로 나아갈 수 있다. 아무리 멋지거나 사려 깊고 배려 넘치는 생각도 표현하지 않으면 없는 것과 같다.

뒤통수치는 관계는
아예 싹을 잘라라

남을 헐뜯는 것은 세 사람을 죽인다.
자기 자신과, 상대방,
그리고 그것을 듣고 있는 사람.
_ 《탈무드》

당연한 말 같지만 나쁜 관계는 끊어야 한다. 그럴 수 없다면 피하기라도 해야 한다. 대수롭지 않게 생각할 수 있지만 이는 자신의 전체 인간관계를 좌우할 수 있는 중요한 문제다. 나쁜 사람과 어울리는 것은 세 가지 영향을 준다. 첫째, 관계가 하향 평준화된다. 둘째, 자존감이 낮아진다. 셋째, 사람에 대한 실망을 키우게 된다. 여기서 말하는 나쁜 사람은 개선할 의지가 없는 사람, 자기 성찰이 없는 사람이다. 이들은 기본적으로 예의가 없고 사소한 것에 집착하며 맥락을 파악하지 않는다.

관계에서 부정적 영향은 생각보다 쉽게 전염된다. 나에게도 영향을 끼치지만 내 관계의 환경에도 영향을 미친다. 부정적 지수만

높이고 긍정적 요소가 없는 사람은 과감하게 끊어 내는 것이 좋다. 행운을 선택할 수는 없지만 불행은 자신의 선택에서 시작되는 경우가 많다. 나의 경우, 상대방이 심하게 부정적 영향을 끼칠 때는 "그러지 않았으면 좋겠다" 하고 세 번 정도 경고를 한다. 그러고도 바뀌지 않으면 마음에서 지운다. 만나고 싶은 사람만 만나고 살 수 없기에 만남은 이어 갈 수 있지만, 마음의 노트에서 조용히 지운다. 그러나 그들은 결코 조용히 사라지지 않는다. 가장 위험한 것이 모사꾼이다.

모사꾼들은 대부분 사람을 돌려막기하면서 관계를 유지한다. 타인의 가치를 끌어내려 자신의 가치를 올리는 행동을 반복한다. 이들은 남의 험담을 거리낌 없이 하고, 자신의 말에 무책임하다. 그 때문에 그들 주변 사람들의 관계는 조금씩 망가진다. 제아무리 현명한 사람도 모사꾼의 말을 지속적으로 듣다 보면 그 대상에 대한 편견이 생긴다. 그들은 선수다. 모사꾼에게 변화를 기대하는 것은 위험한 일이다. 그들을 배려하다 보면 좋은 관계까지 꼬이는 경우가 발생하므로, 잘 판단한 뒤에 멀리하는 것이 상책이다.

어느 심리학자가 특정인에 대한 평판 보고서를 쓰게 하는 실험을 했다. A그룹에는 대상자에 대한 부정적 보고서를 제공했고, B그룹에는 대상자에 대한 아무런 정보도 제공하지 않았다. 작성된 결과물은 판이하게 달랐다. 부정적 보고서를 제공받은 A그룹의 보고서는 대상자의 단점들로 가득했다. 반대로 B그룹의 보고서에는 대상자에 대한 긍정적 내용이 가득했다. 주관적 판단에 있어

선입견은 진실을 망각하게 하고 각인된 사실(진실이 아니지만 진실로 인식된 것)만 인식하게 한다.

나 역시 이런 경험을 한 적이 있다. 그룹 비서실에 근무하다 계열사 발령을 받았을 때였다. 얼마 지나지 않아 회사에 대대적인 파업이 있었다. 낙하산이라는 조롱과 함께 비노조원인 내 이름이 대자보에 삼행시로 실렸다. 나중에 오해도 풀고 사과도 받았지만, 시간이 지나도 곱지 않은 시선을 보내는 동료들이 있었다. 2001년 9월 11일, 나는 회사 동료들과 함께 캐나다 출장길에 올랐다. 미국에 9·11 테러가 일어났고, 우리가 탄 비행기는 토론토 상공에서 착륙하지 못하고 회항을 하고 있었다. 어렵사리 공항에 착륙했지만 테러의 여파로 발이 묶였다. 정상적인 출장 일정을 소화하지 못한 채 동료들과 호텔에서 많은 시간을 같이 보냈다. 그리고 며칠 뒤 후배가 내게 말했다.

"선배, 나는 선배가 뿔 두 개 달린 괴물이라도 되는 줄 알았어요. 몇몇한테 이상한 말을 들었는데, 좋은 말이 하나도 없었거든요. 그런데 경험해 보니까 내가 들은 것과는 달라요. 형님, 오해해서 죄송했습니다!"

후배는 사과와 함께 멋쩍게 웃었다. 사실 그 말을 전한 사람들은 나와 일면식도 없던 이들이다. '카더라'로 시작하는 비방이란 참으로 무섭다. 멀쩡한 사람도 한순간에 괴물로 만들어 버린다. 작정하고 이간질하는 사람들을 이길 방법은 없다. 멀리하는 것 외에 무슨 방법이 있을까? 오해는 없었으면 한다. 내 동료들은 모두 멋지고 좋은 사람들이었다. 한두 명 모사꾼에 의한 오해가 만들어 낸 에피소드일 뿐이다. 중요한 것은, 집단 내에서 모사꾼이 아무리 소수일지라도 그 파급력은 크다는 사실이다.

모사꾼들이 자주 쓰는 말이 있다.

"내가 진짜 이 말은 안 하려고 했는데." (그러면 하지 마라.)

"다른 사람들이 그러는데." (확실하지 않으면 말하지 마라.)

"이건 비밀인데, 너한테만 이야기하는 거야." (비밀이면 말하지 마라.)

"그 친구는 다 좋은데." (둘 중 하나만 해라. 피곤하다.)

"걱정돼서 하는 말인데." (내 걱정은 내가 한다.)

이런 말을 쓴다고 해서 모두가 모사꾼은 아니다. 모사꾼 중에 이런 말을 쓰는 사람이 많을 뿐이다. 이 단어를 추출하는 과정에 꽤 많은 사람들의 인터뷰가 있었다는 점만 참고해 주기 바란다.

사람은 재산이다. 다만 그 재산은 단순히 사람의 숫자로 계산하는 것이 아니라 좋은 사람의 합으로 계산된다.

세상에 공짜 없듯,
관계에도 공짜는 없다

공짜 치즈는
쥐덫 위에만 있다.
_ 러시아 속담

사람들은 세상에 공짜가 없다는 사실을 잘 알고 있다. 그럼에도 공짜의 힘은 매우 강력하다. 믿지 않는 마음을 극복하고 물건을 사게 만든다. 공짜 효과zero price effect에 반응하는 사람의 심리 때문이다. 쇼핑 업체들은 무료 마케팅을 가장 잘 활용한다. 예를 들어 마케팅 메일에 '오늘만 무료'라는 문구를 넣으면 이메일을 열지 않던 사람들까지 메일을 열어 본다. 막상 사이트를 방문하면 '특정 제품을 구매하면 추가 1개는 무료' 같은 방식인데도 반응을 한다. 실제로 백화점이나 마트의 경우, 1+1 행사 상품 매출은 매년 높은 수준으로 신장하고 있다고 한다. 공짜가 아니지만 공짜라고 각인되어 구매 심리에 영향을 주는 것이다. 무료 배송도 마찬가지다. 특정 금액 이상 구매 시 '배송비 무료'라고 하면 필요 없는 물건까지 구매하게 된다.

"나는 안 해. 한두 번 손해 본 게 아니야."

"왜 손해 보셨는데요?"

"그게 말이지, ……."

"저런, 그러니까 돈을 못 버시죠. 이거 투자하시면 무조건 법니다. 손해는 없어요. 원금 보장 확실하니까, 일단 한번 해 보세요. 저만 믿으세요. 문제가 생기면 사비라도 털어서 채워 드리겠습니다."

사기당하는 사람들은 공통점이 있다. 한두 번쯤 사기를 당한 경험이 있다. 본인 입으로 "사람을 잘 믿지 않는다"라고 말하지만, 사기꾼들은 '나는 사람을 매우 잘 믿어요'로 해석한다. 경험자일수록 '혹시나' 하는 생각에 귀를 열기 때문이다. 사기꾼들은 그런 사람들의 심리를 역이용한다. 사기꾼들이 가장 어려워하는 사람은, 사기를 한 번도 당해 본 적이 없는 사람이다. 그들은 공략이 어렵다. 성공에 대한 사람들의 행동도 마찬가지다. 성공에 관심 없는 사람은 묵묵히 일한다. 반면 성공하고 싶은 마음이 큰 사람은 '지렛대' 역할을 할 수 있는 지름길을 많이 찾는다. 하지만 어떤 일이든 마음이 조급해지면 실수가 많다. 대체로 직장인들 중에 뛰어난 사람보

다 오래 버틴 사람이 임원이 될 확률이 높은 이유가 거기에 있다.

주식도 마찬가지다. 손해를 본 사람들은 같은 방식으로 또 손해를 본다. "주식 투자로 크게 손해 보신 분들만 오세요", "원금을 꼭 회복해야 하는 사람만 오세요" 같은 마케팅은 손해의 경험이 있는 사람을 찾는 작업이다. 나의 선배 중에도 이런 일을 하는 사람이 있다. 많은 사람에게 작전주식이라며 권유하고 손실을 입혔다. 여러 건의 소송이 진행 중이지만, 다른 곳에서 손해 본 사람들이 또 모여든다. 선배는 그렇게 돌려막기로 돈을 번다. "가족한테도 알려 주지 않는데, 특별히 당신한테만 알려 주는 거야." 세상에 그런 일은 없다. 그런 비법이 있다면 나는 가족에게 가장 먼저 알릴 것이다. 시간이 촉박할수록, 손실이 클수록 거짓 정보에 귀가 얇아진다. 빨리 회복해야 한다는 조급증 때문이다. 관계도 집착이 크고 조급하면 사람을 제대로 보기 어렵다.

김 선배는 자영업의 고수다. 현재는 프랜차이즈 업체 대표다. 선배가 운영하는 고깃집에 방문해서 자리를 잡으면, 가장 먼저 큰 그릇에 육개장을 가득 내온다.

"우리가 주문한 거 아닌데요."

"서비스입니다."

주문한 고기를 다 먹고 나갈 때쯤, 정갈하게 담은 육회 한 접시를 내온다. 역시 "이거 안 시켰는데요?"라고 말하면 "서비스입니다"라는 말을 듣게 된다. 손님들은 벽에 큼지막하게 붙어 있는 육회의 가격을 보고 감동을 받는다. 그러고는 기분 좋게 소주 한 병을 더 시킨다. 사실 서비스로 나온 육회는 원가가 2천 원을 넘지 않는 냉동 육회다. 선배가 말했다. "그거 팔려고 붙여 놓은 메뉴 아니야. 주문하는 사람도 없어. 그냥 서비스 전략일 뿐이지. 서비스를 내주면 대부분은 소주 한두 병을 더 시키거든. 소주 한 병만 시켜도 남는 장사야. 그리고 육개장도 육회도 이미 원가 안에 다 녹아 있어." 단순해 보이지만 이런 전략은 고객에게 강하게 어필된다. 대접받고 있다는 느낌을 받지만 분명 공짜는 아니다. 선배가 다시 말했다.

"세상에 공짜는 없다. 공짜를 잘 활용하는 사람만 있지."

관계도 마찬가지다. 계산을 제대로 해야 진짜 관계를 만든다. 세상에 공짜는 없다!

열정 페이가
만병통치약은 아니다

모두가 비슷한 생각을 한다는 것은
아무도 생각하고 있지 않다는 것이다.
_ 알베르트 아인슈타인

주인의식을 가지라는 말은 내가 살면서 겪은 말 중 가장 멋진 말이면서, 가장 이상한 말이다. '주인'이라는 단어의 뜻은 '대상이나 물건을 소유한 사람'이고, '의식'이라는 단어의 뜻은 '깨어 있는 상태에서 자신이나 사물에 대해 인식하는 작용'이다. 사람들은 이둘을 합쳐 '주인처럼 생각하고 행동하는 것'이라는 의미의 단어로 사용한다. 그러나 '주인의식'이라는 말은 국어사전에도 실려 있지 않다.

출처가 불분명한 관습에 사로잡히면 제대로 된 통찰을 하기가 어렵다. '왜'를 해소하지 못하면 '어떻게'를 찾을 수 없기 때문이다. 왜 주인인지를 모르겠는데 어떻게 주인처럼 행동하라는 것인가? 내가 주인이라면서 왜 이건 이래서 안 되고 저건 저래서 안 된다는 것인가? 이런 가식적인 '그건 빼고'의 주인의식은 먹히지 않는다. 그보다는 각자의 위치와 책임을 명확하게 해 주는 것이 조직을 위한 건강한 관계들을 낳는다.

사장과 임원 사이에 지켜야 하는 거리가 있고, 팀장과 팀원 사이에 지켜야 하는 거리가 있다. 이를 위해서는 책임과 권한을 분명하게 해야 한다. 그래야 자신의 위치에 맞는 역할을 제대로 할 수 있다. 사실 주인의식은 '주인처럼'이라는 말과 동의어다. 주인이 아닌데 주인인 것처럼 행동해야 한다는 의미니 단어 자체가 모순이다. 백 보 양보해서 모순이 아니라 쳐도, 어설프게 주인이 많아지면 배가 산으로 간다. 한 직장에 주인이 천 명이면 일을 효과적으로 할 수 없다. 만약 "당신 일을 왜 이렇게 해요?"라는 질책에 "내 회사라고 생각해서 그렇게 한 건데요. 문제가 있나요?"라고 답한다면 무슨 말을 할 것인가.

주인은 자신이 스스로 판단하고 선택을 해야 한다. 결과에 대한 책임도 져야 한다. 그러나 현실에서 주인의식은 책임을 전가하는 방법으로 사용되는 경우가 많다. '우리 직원들은 왜 주인의식이 없을까?' 가장 명쾌한 답은 주인이 아니기 때문이다. 직원은 직원으로 대해야 한다. 그럼에도 수많은 회사가 직원들에게 주인의식을 심어 주기 위해 큰 비용과 시간을 소비한다. 하지만 아무리 좋은 강사를 통해 동기 부여를 전달해도 플라세보placebo 효과는 일시적일 뿐이다. 권한은 쏙 빼고 책임 의식만 주는 주인의식은 어떤 경우에도 통하지 않는다.

반면 비전의식을 심어 주는 것은 언제나 통한다. 사람들이 직장을 선택하거나 이직을 결정할 때 가장 많이 고려하는 것은 세 가지다. 비전vision, 돈, 안정성이다. 사람에 따라 차이는 있지만, 활력이 넘치는 사람일수록 비전을 가장 중요한 문제로 삼는다. 주인의식을 심어 주는 것은 매우 어려운 일인 반면 비전의식을 심어 주는 것은 상대적으로 쉽다. 가식이 아닌 사실이기 때문이다. '최고가 되려면 주인처럼 일해라'가 아니라, '프로의식을 가지고 일해야 최고가 될 수 있다. 그것이 당신의 가치를 높인다'라고 동기 부여를 해 주는 것이 더 효과적이다. 그것이 사람을 움직인다. 프로의식은 '주인처럼'을 뛰어넘기 때문이다.

직장에서 필요한 것은 접근 가능한 권한과 책임이다. 그 이상은 주입시켜도 아무런 효과가 없다. 그것이 직장에서 필요한 관계의 거리다. 사장과 임원은 회사를 책임지고, 팀장과 팀원은 자신의 영역을 책임져야 한다.

||||||||||||||||||||||||||||||||||||||||||||||||||||||||||||||||||||||||||||||||||||||||||||||||||||||||||||||||

"이번에 우리 팀은 A프로젝트를 수행해야 합니다. 이 프로젝트는 회사의 2025 비전과도 부합하는 일입니다. 팀원들과 함께, 이 프로젝트를 잘 수행하고 싶습니다. 나는 리더로서, 여러분과 의논해서 업무 분장을 할 겁니다. 그리고 업무의 방향성을 제외한 모든 부분은 권한을 위임하겠습니다. 물론 진행 사항은 항시 공유하겠습니다. 일에 대한 책임은 무조건 내가 집니다. 믿고 일을 추진해도 좋습니다. 그

러나 성과의 공적은 철저하게 공유하겠습니다. 여러분 모두가 보상받을 수 있게 노력하겠습니다. 같이 한번 해 봅시다. 이왕 하는 거 멋지게 합시다."

||||||||||||||||||||||||||||||||||||||||||||||||||||||||||||||||||||||||||||||||||||||||||||||||||||||||||||||||||||||||||||||||||||||||||||||||||||||||||||||||||||

내가 만난 가장 멋진 리더의 업무 수행 방식이다. 우리 팀에는 개성 있는 사람이 많았지만, 업무에서만큼은 항상 좋은 결과를 만들었다. 나같이 까탈스러운 사람까지 움직이게 한 힘은 주인의식도 보상도 아니었다. 오로지 리더가 심어 주는 비전의식과 프로의식 때문이었다. 사실 팀장 정도의 직급으로 보상을 할 수 없다는 것도 알고 있었다.

주인의식이라는 말은 왜 생겨났을까? 노력해 봤지만 이 말의 정확한 유래를 찾지 못했다. 다만 여러 사료를 통해, 산업화 초기에 사람들의 계몽을 위해 사용되었다는 정도를 발견했을 뿐이다. 물론 추론에 가깝다. 과거에 국가나 특정 집단, 회사의 발전을 위해 강한 정신력과 결집이 필요하던 시절이 있었다. 특히 우리나라의 경우 짧은 기간에 성장을 이루기 위해서는 꼭 필요한 일이었다. 하지만 지금의 사람들은 그런 집단적 감성의 동기 부여에 움직이지 않는다. 반면 비전과 프로 의식은 거부할 수 없는 가치다. 그것이 자신의 미래를 좌우하기 때문이다.

나 자신과의 거리가 무너지면, 남과의 거리도 무너진다

마음 에너지는 삶의 본질이다.

_ 아리스토텔레스

별다른 이유 없이 지칠 때가 있다. 몸은 멀쩡한데 피곤하고, 쉬어도 쉰 것 같지 않은 때가 있다. 이유 없이 지친다는 건 마음이 지치는 것이다. 사람과 사람이 만나는 것은 매력적인 일이지만 생각보다 에너지 소모가 크다. 좋은 관계를 위해서는 상대에게 관심을 가져야 한다. 때로는 하고 싶은 말을 참아야 하고, 때로는 하기 싫은 말도 해야 한다. 좋은 관계는 나와 타인 사이에서 균형감을 지키려는 노력으로 만들어지기 때문이다. 그리고 노력에는 항상 에너지 소모가 뒤따른다.

관계에서는 타인을 배려하는 것이 중요하지만, 그러려면 먼저 내 에너지가 남아 있어야 한다. 힘들 때는 자신을 찾는 것이 최우

선이다. 주변에 사람이 아무리 많아도 나를 잃어버리면 아무런 의미가 없다.

누구나 자신을 지키기 위해 기본적으로 필요한 에너지의 양이 있다. 유익한 관계가 많은 사람들은 이를 바탕으로 에너지가 늘거나 재생되지만, 반대의 경우 에너지가 줄거나 고갈된다. 관계에 계산이 필요한 이유다. 어떤 이는 넓은 관계가 좋다 말하고, 어떤 이는 좁은 관계가 좋다 말한다. 좁은 관계를 선호하는 사람들은 그래야 깊이를 만들 수 있다고 생각하지만 꼭 그런 것만도 아니다. 사람의 많고 적음보다 중요한 것은 관계 에너지를 잘 사용하는 것이다. 많은 사람과 관계를 맺어도 에너지가 넘친다면 넓은 관계가 정답이고, 좁은 관계여도 에너지가 줄어든다면 관계를 줄이는 것이 정답이다. 다만 소수의 관계에서도 방전이 반복된다면 관계의 영역을 바꾸려는 노력이 필요하다. 내가 가진 관계 영역의 문제일 수도 있기 때문이다.

만약 별다른 이유 없이 힘이 들 때는 관계에도 잠시 '쉼표'를 찍어야 한다. 너무 잘하려고 애쓸 필요 없다. 내 에너지가 먼저다. 내가 방전되면 타인을 위한 배려도 어려워진다. 좋은 관계에까지 영향을 끼친다. 너무 힘들 땐 "준비한 체력이 소진되어 더 이상 일이 안됩니다. 잠시 쉬겠습니다"를 외쳐야 한다. 관계에서도 종종 진지함을 무너뜨리는 시간이 필요하다. 너무 칼 같으면 인생이 피곤하다. 내가 그랬다.

인생에 해답은 없다. 답을 모르니 열심히 달리기만 한다. 방향이 맞는지도 모른 채 말이다. 관계도 마찬가지다. '당신이 먼저 좋은 사람이 되어 상대를 배려해야 한다. 관계를 잘하는 사람이 성공한다.' 이런 말들로 인해 관계를 잘하고자 부단히 노력한다. 인생을 이야기할 때, "오늘 걷지 않으면 내일은 뛰어야 한다"라는 명언이 있지만, 중요한 것은 달리기 선수도 매일매일 전력질주만 할 수는 없다는 사실이다.

몇 년 전, 힘들어하는 나에게 아내가 말했다. "여보, 한 일주일쯤 여행 떠나 볼래?" 그 말이 떨어졌을 때 나는 두 번 고민하지 않았다. 무작정 가방을 둘러메고 제주로 떠났다. 일정도 계획도 없이 홀쩍 떠나 일주일 동안 올레 길을 걷고 또 걸었다. 발이 퉁퉁 붓고 물집이 잡혔지만 계속 걸었다. 가다가 힘이 들면 빈자리가 있는 게스트하우스를 찾았고, 주인장과 손님들 분위기를 띄워서 파티를 했다. 그리고 아침이 되면 다시 걸었다. 제주에 절친한 친구들도 많았지만 연락하지 않았다. 그저 쉼표가 필요했기 때문이다. 그 시간은 나에게 꿀과도 같은 시간이었다. 집으로 돌아오자 아내가 외쳤다. "우리 남편이 달라졌어요. 올레!"

그 여행은 에너지를 충전하는 시간이자 나를 위한 '배려'였다. 그 시간 동안 많은 것을 생각했고, 많은 것을 비웠다. 노력해도 변하지 않는 사람, 내 욕심으로 붙잡고 있던 사람을 비워 냈다. 그러곤 평화가 찾아왔다. 사람이 힘든 것은 욕심 때문일 때가 많다. 비우지 못하면 채우기도 어렵다. 힘든 일을, 힘든 관계를 잡고 있으면 내 상황은 변하지 않는다. 사람마다 에너지를 충전하는 방법은 다르겠지만, 공통된 사실은 배터리가 약해질 때는 미루지 말고 확실하게 충전해야 한다는 것이다. 방전되면 충전하기가 더 어려운 법이다. 기억하자, 우선순위는 나 자신임을. 나대로 사는 것도 좋고, 조금 이기적으로 사는 것도 좋다.

내 마음이 흐리면 온 세상이 흐리고 내 마음이 개면 온 세상이 맑은 법이다. 때로 나에게 선물하는 충전의 시간은 '행운'과 '더 좋은 만남'의 기회가 되기도 한다. 그래서 우리에게는 나를 위한 '배려'라는 일탈이 필요하다.

언젠가 아내가 지쳤다. 남의 편 같은 남편에, 말 많은 딸 셋을 키운다는 것은 힘든 일이다. 남편인 내가 돕는다고는 하지만 그 힘든 틈을 다 메울 수는 없다. 그리고 이런저런 관계에서 소모되는 에너지는 가족으로도 다 충전되지 못한다. 내가 그랬듯이 말이다. 예쁜 딸들이지만, 아이 셋을 혼자서 보게 되면 하루가 버겁다. 아내는 나에 비해 그런 시간을 많이 보내야 한다. 늘 미안하다. 그래서 나도 아내에게 자유를 주었다.

"여보, 일주일쯤 당신만을 위한 여행을 다녀와."

아내가 고민 없이 여행을 떠났다. 그리고 돌아왔다. 나는 외쳤다. "우리 아내가 달라졌어요. 올레!"

이상적인 관계 vs 현실적인 관계

이상적인 관계	현실적인 관계
선입견을 갖지 않는다	선입견은 끝까지 간다
말하지 않아도 안다	말하지 않으면 모른다
인간관계는 계산하지 않는다	계산하지 않으면 손해를 본다
사촌이 땅을 사면 박수쳐 준다	사촌이 땅을 사면 부럽다
친구가 성공하면 박수쳐 준다	친구가 성공하면 부럽다
"로또 일등이 되면 30퍼센트 줄게"	로또 일등이 되면 기억력이 나빠진다
직원은 가족이다	직원은 직원이다
"너밖에 없어"	"미안, 내가 더 소중해"
주는 사람이 얻는다	주는 사람은 잃는다
사람을 비교하지 않는다	사람은 비교된다

가끔은
심플한 관계가 편하다

심플해야
서로가 편하다

쉬워지기 전에는 모든 것이 어렵다.
_ 괴테

'오컴의 면도날Ockham's razor'은 논리적으로 가장 단순한 것이 진리일 가능성이 높다는 이론이다. 영국의 신학자이자 철학자 오컴이 1324년 신과 만물에 대해 토론하던 중 지나친 논리 비약이나 불필요한 가정을 진술에서 잘라 내는 면도날을 도입하자고 제시한 데서 유래했다. 요컨대 만약 어떤 일에 인과관계를 설명하는 두 가지 주장이 있다면, 그중 가정이 많은 것을 피하자는 것이다. 불필요한 가정을 최대한 줄여야 판단 오류를 줄일 수 있고, 진리는 언제나 쉽고 간단하게 표현되고 전달되는 법이다.

오컴의 면도날은 복잡한 진술뿐 아니라 일상적인 말과 글에서도 꼭 기억해야 할 법칙이다. 쉽게 말하기의 장점을 요약하면 다음과 같다. 말하기가 쉽고, 잘 들리며, 궁극적으로 불필요한 오해를 만들지 않는다. 그리고 이를 고스란히 뒤집으면 복잡하고 어렵게 말하기의 단점이 된다. 즉 말하는 사람도 헤매고, 잘 들리지 않으며, 불필요한 오해를 낳는다.

복잡하고 어렵게 말하면 말하는 사람의 정확한 의도가 파악되지 않는다. 직장에서 상사가 이런 화법을 사용하는 경우 직원들은 '거짓이 섞여 있거나, 문제가 생기면 자신이 빠져나갈 여지를 남기는 것'으로 해석한다. 또 이런 말은 듣는 사람에 따라 해석이 달라진다. 눈치 빠른 사람이나 가까운 사람만 알아듣는다. 무엇보다, 어려운 말은 애초에 잘 들리지가 않는다. 결국 상대는 말을 한 귀로 듣고 한 귀로 흘리게 된다. 한두 번은 의도를 파악하기 위해 노력하지만 횟수가 반복되면 듣는 사람도 슬렁슬렁 듣게 된다. 이유는 간단하다. 안 들리니까.

말이 안 들려서야 소통이 되지 않는다. 좋은 관계에는 소통이 필수고, 원활한 소통을 위한 기본은 쉽게 말하기다. 쉽게 말한다는 것은 표현 전달력이 좋다는 뜻이자 거짓이 없다는 방증이다. 허심탄회하게 핵심만 전달하니 말이 복잡하고 어려워질 이유가 없고, 그 진실성과 명료함이 관계를 더 좋게 만들어 준다. 한데 직장이나 사회에서 쉽게 말하기는 그다지 주목받지 못한다. 우선 너무 당연해서 외면당한다. 또 "당신은 말하는 게 너무 어려워요"라고 쉽게 이야기할 수 없는 우리 문화 때문이기도 하다. 하지만 이를 방치하면 동문서답을 하게 되고, 갈등을 피하려고 혹은 귀찮아서 거짓말을 하게 된다. 전형적인 오해와 갈등의 주범이다.

전라도 지역에서 많이 쓰는 말 중에 '거시기'라는 단어가 있다. 사전적인 의미는 '이름이 얼른 생각나지 않거나, 바로 말하기 곤란한 사람 또는 사물을 가리키는 대명사'다. 하지만 실제 용도는 대명사, 명사, 부사, 동사, 감탄사를 넘나든다. 그럼에도 그 지역 사람들은 "거시기" 하면 척 하고 알아듣는다. 이 한마디로 꽤 많은 대화가 가능하다. 마치 만능 단어 같은 느낌이다. 뭔가 애매할 때, 사람 이름이 생각나지 않을 때, 지칭하는 것이 생각나지 않을 때, 미안할 때, 화날 때 등등 참으로 다양한 해석으로 사용된다.

경상도 지역에도 비슷한 쓰임새인 '거석'이라는 단어가 있다. "마, 찬이 참 거석해서 맴이 거석들 해. 밥이 거석해도 많으니까 거석들 해." 군 전역 후 동기네 집에 놀러 갔을 때 동기의 어머니가 밥을 차려 주면서 했던 말씀이다. 기이하게 들었던 기억이 있다. 또 다른 예로, "마, 함 하까?" 같은 말이 있다. 억양에 따라 '나랑 싸울래?'와 '소주나 한잔할까?'를 넘나들고 그 외에도 여러 가지 뜻으로 변형된다. 여기서 '마'라는 단어도 억양에 따라 친구를 지칭하기도 하고 욕이 되기도 한다.

'거시기'와 '거석'을 말할 때처럼, 사람들은 '개떡같이 말해도 찰떡같이 알아듣기'를 원하지만 그런 일은 드물다. 특히 직장에서는 육하원칙에 따라 이야기해도 의사 전달이 제대로 되지 않는다. 지시 단계를 거치면서 원래 의도에 왜곡 현상이 생기기 때문이다. 그럼에도 "너 이쯤은 알지?" 하는 식의 모호한 지시가 만연한 곳이 회사라는 공간이기도 하다.

---

① "할 줄 알지?" → "알아서 해 봐." → "아직도 그걸 모르면 어쩌냐?"
② "할 줄 알지?" → "그냥 시키는 대로 해." → "아직도 그걸 모르면 어쩌냐?"

20년간의 직장 생활에서 가장 많이 보아 온 선배들의 지시(훈육) 방식이다. 대부분의 사람들은 정확하게 알려 주지 않으면 모른다. 쉽게 말해 주지 않으면 모른다. 말이 어렵다는 것은 다른 의도가 있거나, 자신도 잘 모르거나, 원래 말을 조리 있게 못해서일 수 있다. 만약 마지막 경우 즉 화술 자체가 떨어지는 사람이라면, 중언부언 장황한 말로 노력하기보다 짧게 말하는 것이 좋다. 곁가지다 떼고, 좀 서툴게 들리더라도 핵심만 짧게 말할수록 상대에게 쉽게 들린다.

직장에서든 사적 공간에서든, 쉽게 말하기는 관계에서 오해와 갈등을 방지하고, 말을 해석하기 위해 보내는 쓸데없는 시간과 에너지 소모를 줄여 준다. 비경제적인 표현법들은 관계에서 피로를 느끼게 한다. 말, 대화, 소통은 물 흐르듯 맑고 자연스러워야 부담이 없고 즐겁다. 배수구가 막힌 듯 답답하고, 탁해서 물속이 보이지 않는 느낌을 받는다면 그런 대화를 나누는 일은 더 이상 소통이 아니라 고역이다.

칭찬은
고래도 춤추게 한다

칭찬은 평범한 사람을 특별한 사람으로
만드는 마법의 문장이다.
_ 막심 고리키

말 한마디가 때로 기적을 만든다. 사람의 마음을 전달하는 일, 진심이 관계 속에서 발하는 화학작용의 힘은 실로 경이롭다. 그중에서도 서로 북돋고 북돋워지는 격려의 힘은 관계에서 놀라운 효과를 발휘한다.

격려와 닮은꼴로 사용되는 칭찬이라는 단어가 있다. 리더십의 권위자 켄 블랜차드Ken Blanchard는 자신의 저서를 통해 "칭찬은 고래도 춤추게 한다"라고 했다. 실제로 여러 분야에서 검증되었고, 활용되고 있다. 대문호 마크 트웨인은 "나는 칭찬 한 번으로 두 달을 살 수 있다"라고 예찬론을 펼치기도 했다.

칭찬의 긍정적 효과는 반론의 여지가 없다. 그러나 칭찬은 기본적으로 생명력에 한계가 있다. 상황에 맞아야 하고, 반복될수록 더 강한 처방이 필요하다. 어느 정도 보상이 뒤따라야 힘을 발휘한다. 그에 비해 격려의 힘은 강력하다. 현재 진행형이지만 미래 지향적인 역동성을 가지고 있다. 칭찬이 고래도 춤추게 하는 힘을 가졌다면, 격려는 사람의 심장을 뛰게 하는 힘을 가졌다. 격려는 좌절, 포기, 아픔을 느끼는 사람에게 그것을 극복하게 만드는 반전의 힘을 발휘한다. 진심과 믿음이 담긴 말을 통해, 긍정의 힘을 현실로 이어 주는 것이다.

"와, 이건 걸작이야. 당신은 이미 해낸 거나 마찬가지야"라는 에디슨의 격려가 자동차 왕 헨리 포드를 만들었다. 공연을 마치고도 청중들의 관심을 받지 못하던 상황에서 "아빠, 정말 최고였어요"라고 건넨 아들의 격려가 위대한 성악가 루치아노 파바로티를 만들었다. 격려의 에너지는 때로 사람의 인생을 바꾼다. 어려운 상황, 힘이 빠지는 상황, 포기가 꿈틀대는 상황을 역전시키는 것이 격려의 힘이다.

사람들이 가장 듣고 싶어 하는 말 1위가 "수고했어"와 "잘했어"라고 한다. 여러 리서치 기관의 설문조사에서 공통되게 나타난 결과로, 이 말은 가정에서도 직장에서도 모두 1위로 뽑혔다. 사실 가장 듣고 싶은 말이라기에는 너무 평범한 말이다. 우리는 이런 평범한 말조차 잘 하지 않는다는 뜻이다. 사람들이 관계에서 욕심내는 것은 대단한 사건들이 아니다. 고작 "수고했어", "잘했어" 같은 평범한 지지와 인정이면 족하다.

세계적인 농구 명장으로 알려진 존 우든John Robert Wooden은 감독 시절 선수들에게 "용기를 가져라. 그리고 걱정하지 마라. 최선을 다하고 평정심을 잃지 않는다면 걱정할 것이 하나도 없다. 그러나 믿음과 용기가 없다면 반드시 지게 된다"라는 명언을 남겼다. 생전에 그가 이끈 UCLA 남자농구팀은 88연승이라는 대기록을 남겼다. 그는 자신과 선수들이 만든 대단한 업적이 단지 "칭찬과 격려" 때문이었다고 말했다. 세상에 위대한 기록을 남긴 지도자들의 리더십은 그 내용도 비결도 다양하지만, 유일한 공통점이 있다. 바로 '칭찬과 격려'에 인색하지 않았다는 사실이다. 존 우든은 이를 선수들 사이에서도 일상처럼 이루어지도록 이끌었다.

"골을 넣으면 패스해 준 사람에게 항상 감사의 표시를 해."
"고마움을 표하는데, 상대가 나를 신경 쓰지 않으면 어떻게 하죠?"
"그런 걱정은 하지 않아도 돼. 그는 언제나 너를 보고 있을 거야."

인정과 격려가 무조건 최고를 만들지는 않는다. 상대에게 없는 능력을 만들지도 못한다. 능력이 없는 사람을 그 분야의 최고로 만들 수는 없다. 당연한 말이다. 사람이 가진 능력과 재능이 모두 다르기 때문이다. 내성적인 사람, 유머 감각이 없는 사람, 일에서 성과를 잘 못 내는 사람이 갑자기 최고 인기인이 되고 최고 성과를 내지는 않는다. 격려가 주는 힘은 꼴등을 일등으로 만드는 것이 아니라, 사람을 노력하게 만드는 데 있다. 나도 할 수 있다는 생각을 하게 만드는 것이다. 격려는 성과가 부족한 사람이 성과를 좀 더 낼 수 있게, 능력 있는 사람을 더 능력 있게 만드는 일이다. 할 수 없는 이유가 백만 가지인 사람을 '그럼에도 불구하고' 움직이게 만들어 주는 멋진 일이다. 그것이 때로 기적을 만들고, 상대에게 선물하는 그런 기적들은 분명 관계도 더 끈끈하게 만든다.

매력적이고 성격 좋고 매너 좋은 남자와 결혼을 했다. 한데 결혼하고 나니 이 사람은 딴 세상 사람이다. 집안일을 전혀 돕지 않는다. "여보, 심한 거 아니야? 집안일 좀 도우면 어디가 덧나?"라고 했더니 다툼이 됐다. 이런 상황을 만나면 인생이 피곤해진다. 하지만 기대를 낮추면 "여보, 한 번만 도와줄래?"라는 표현이 보인다. 남편의 행동에 격려를 더하면 조금씩 행동 습관을 바꿀 수 있다. "역시 내 남편, 멋져!", "오늘따라 멋지다. 맛있는 거 해 줄게" 정도면 남편에게 동기 부여가 된다. 그것을 매번 하면 된다. 격려는 자주 할수록 좋다.

직장에서도 마찬가지다. 게으르거나 비협조적인 동료를 만나면 힘이 든다. 상대의 게으름이나 성격을 바꾸기는 어렵지만, 기대치를 낮추면 할 수 있는 것이 보인다. 작은 동기 부여를 일상적으로, 그렇게 선택과 집중을 하다 보면 기적을 만나게 되기도 한다.

상대를 격려하는 사람은 스스로 멋쟁이가 된다. 주변 사람을 돋보이게 하는 그 자체가 자신을 함께 빛나게 하기 때문이다. 사람들은 좋은 관계를 위해 관계의 기술을 배우려고 애쓴다. 하지만 필요한 것은 현란한 기술이 아니다. 고상한 말도 필요 없다. 단지 상대를 위한 '엄지 척!' 한 번이면 족하다. "수고했어", "잘했어", "멋있어" 정도의 표현이면 된다. 그것이 관계에서 기적을 만든다.

사과도 제때
제대로 해야 먹힌다

> 나는 주저함이 옳지 못하다는 것을
> 진심으로 충고한다.
> _ 린든 B. 존슨

〈러브 스토리〉의 명대사 "사랑은 미안하다는 말을 하지 않는 거야"는 영화에 두 번 등장한다. 올리버(남자 주인공)와 심하게 다투고 집을 나간 제니퍼(여자 주인공)가 재회의 장면에서 사과하는 올리버에게 처음 말한다. 그리고 영화가 끝날 무렵, 둘 사이를 극심하게 반대했던 아버지에게 올리버가 제니퍼의 사망 소식을 알린다. 이에 아버지는 뒤늦은 사과의 말을 건네고, 올리버는 제니퍼가 해주었던 말을 그대로 들려준다. "사랑은 미안하다는 말을 하지 않는 거예요." 진심 어린 사과를 통해, 갈등이 화해로 전환되는 묵직한 울림이 전해진다. 물론 이 울림은 그 용서의 말이 갖는 반어적 의미, 즉 사랑한다면 진심으로 사과하고 또 기꺼이 용서해야 한다는 의미를 곱씹게 만드는 데서 나온다.

우리는 때로 잘못을 하고 사과하지 않는 실수를 범한다. 가족이니까, 사랑하는 사이니까, 친구니까, 동료니까 '이 정도는 이해해 주겠지' 하고 넘기는 것들이 있다. 때로는 너무 사소한 일이어서, 혹은 너무 미안해서, 타이밍을 놓쳐서 등의 핑계로 사과를 하지 않는다. 그래서 상처를 키운다. 안타깝게도 우리는 가까운 관계일수록 더 많은 상처를 주고받는다. 친밀한 관계이기 때문에 내 마음을 알아줄 거라는 생각은 착각이다. 사과를 한다고 해서 모든 앙금이 털어지지는 않지만, 그럼에도 "미안하다"라는 사과의 말은 잘못에 대한 미안함을 전하고 상처받은 마음을 달래 주는 데 꼭 필요한, 가장 멋진 말이다.

"내가 잘못했다. 미안하다. 같은 실수를 반복하지 않겠다."

사과의 말의 절차는 이것이 끝이다. 단순해야 한다.

"내가 잘못했다. 미안하다, 그런데……."

이유를 가져다 붙이는 순간 사과는 복잡해지고 변명으로 바뀐다. 이런 사과는 대개 상대를 더 화나게 하는 역효과를 낼 뿐이다.

후배인 배 대표는 홈쇼핑을 통해 히트 상품을 꽤 많이 배출한 8년차 사업가다. 브랜드 사용료를 지급하고 진행하던 사업이 속도를 내기 시작했다. 배 대표는 자신의 브랜드를 만들고, 양질의 제품을 개발했다. 사업을 키우기 위해 중국에 위탁 공장을 설립했고 많은 비용을 투자했다. 수차례의 샘플 확인을 통해 만반의 준비를 마치고 홈쇼핑으로 신제품을 선보였다. 시장의 반응이 좋았다. 첫 방송부터 만족할 만한 매출을 올렸다. 그런데 바로 문제가 터지기 시작했다. 입고된 제품에 하자가 있었고, 반품이 밀려들었다.

하자가 원인이므로 꼼짝없이 손실을 떠안았다. 중국에서 제작한 모든 제품이 확인한 샘플과 품질이 달랐고, 엎친 데 덮친 격으로 에이전트를 통해 중국에 투자한 비용까지 사기를 당했다. 배 대표는 순식간에 27억 원에 가까운 채무를 떠안게 되었다. 투자한 금액의 대부분은 은행 대출과 사채였다. 말이 27억 원이지 중소기업에 그 정도 금액은 버틸 수 있는 규모가 아니다. 사실 이 정도면 잠적해 버릴 만큼 큰 금액이다. 그러나 배 대표는 채권자들을 찾아다니기 시작했다. 그리고 용서를 구했다. 반드시 갚을 거라는 다짐과, 어떻게 갚을 것인지 설명을 하러 다녔다.

"죄송합니다. 저의 불찰로 회사에 문제가 생겼습니다. 현재로선 빌린 돈을 갚을

방법이 없습니다. 하지만 저를 믿고 시간을 조금만 주십시오. 도망가지 않겠습니다. 사고를 수습하고, 회사를 살리고 돈도 갚겠습니다. 정말 죄송합니다."

|||||||||||||||||||||||||||||||||||||||||||||||||||||||||||||||||||||||||||||||||||||||||||||||||||||||||||||||||||||||||||||||||||||||

결국 배 대표는 채권자들에게 한 약속을 지켰다. 이전만큼은 아니지만 여전히 홈쇼핑에서 사업을 잘하고 있다. 큰돈을 벌지는 못했지만 빚을 모두 갚았고 돈을 빌려준 사람들과의 신뢰는 더 깊어졌다. 사실 당시에는 채권자들이 독촉한다고 해서 해결될 일도 아니었다. 하지만 진심 어린 사과를 통해 얻은 기회가 서로를 회생시켰다. 그의 진심이 담긴 사과와 빚을 갚겠다는 의지가 그를 믿게 만든 것이다.

사과에도 법칙이 있고 기술이 있다. 학자들에 따라 '책임 인정', '해명', '보상' 등 사과의 요소 및 단계를 제시하는 다양한 주장이 있다. 하지만 사과를 하는 기본이자 가장 좋은 방법은 무엇보다 진심이 담긴 "미안하다"라는 말이다. 사과는 '잘' 하는 것보다 '제대로' 하는 것이 중요하다. 실수나 잘못을 인정하고 미안한 마음을 사과라는 행동으로 옮기는 것, 이것은 관계의 위기를 극복하는 가장 소중한 용기다. 진심이 담긴 사과는 형식을 뛰어넘는다. '이 사람이 진짜 미안해하는구나'가 상대에게 전달되기 때문이다.

마지막으로, 사과는 빠를수록 좋다. '화가 좀 누그러지면 사과하자'는 생각은 엄청난 오산이다. 시간이 흐를수록 흥분은 가라앉을지 모르나 사과의 전달 효과도 함께 낮아지게 마련이다. 관계를 지킬 생각이라면 사과는 꼭 해야 하고, 이왕 할 사과라면 빠를수록 진심이 더 전해진다.

관계가 뒤죽박죽일수록
진심을 전해라

"어떻게 말할까?" 하고 괴로울 땐
진실을 말하라.
_ 마크 트웨인

좋은 관계를 위한 노력이 오히려 관계를 꼬이게 할 때가 있다. 오해를 풀려다가 일이 더 꼬이고 감정의 골만 깊어질 때가 있다. 인간관계에서 생기는 일들은 논리적으로 설명되지 않는 것들이 많다. 아무리 생각해도 잘못한 일이 없는데 미움을 받기도 하고, 특별히 잘한 것도 없는데 사랑을 받기도 한다. 말을 하라고 해서 말했더니 비난을 받기도 하고, 조용히 하래서 입을 닫았더니 말하지 않는다고 질책을 받기도 한다. 이런 상황은 눈치 충만한 사람도 대처하기가 어렵다. 변수도 많고 경우의 수도 많다.

팀장이 다른 팀의 선배와 다투고 있는데, 아무리 들어 봐도 팀장의 잘못이 크다. 이럴 때 아무 생각 없이 "팀장님이 잘못하셨네요"라고 말을 거들면, 앞날이 험난하다. 가정에서도 직장에서도 이런 상황이 종종 벌어진다. 누구든 흥분하면 논리보다 감정이 우선한다. 그리고 논리적이지 않은 상황일수록 오해와 갈등이 생기기 쉽다. 문제나 사고는 언제든 생길 수 있다. 문제를 만들지 않는 것이 제일 좋지만, 현실적으로 더 중요한 것은 문제를 잘 해결하는 것이다. 수습을 제대로 하지 않으면 관계에 독이 되지만, 수습을 잘하면 관계가 더 끈끈해진다.

내가 학생이던 시절에는 마음을 전하기에 손편지만큼 좋은 수단이 없었다. 애초에 편지라는 단어에 '손'이라는 접두사가 붙을 필요가 없던 시절이다. 부모에게도 선생에게도 사랑하는 이에게도 직접 손으로 쓴 편지를 전하는 것은 꽤 효과적인 방법이었다. 받는 사람 입장에서도 설레는 일이다. 지금 생각하면 고루하게 느껴지기도 한다. 전화하면 될 일을, 말로 하면 될 것을 굳이 글로 옮겨 손으로 적는 수고라니. 하지만 그때는 다들 부끄러움도 많았고 지금처럼 개방적이지도 않았다. 사람의 행동 성향도 시대 분위기를 타는 법이니까. 빵집이나 분식집에서 미팅을 하고, 통신 수단이라곤 집 전화와 편지 정도였던 시절이다. 〈말죽거리 잔혹사〉 같은 영화나 '응답하라' 시리즈에 흥분하는 것은 그 세대의 향수 때문이다. 선배 세대가 과거를 추억하고, 후배 세대가 현재에 흥분하는 것은 같은 이치다.

시대는 바뀌었지만 손편지는 여전히 마음을 전하기에 좋은 수단이다. 첫째, 편지에는 오롯이 자신의 생각을 담을 수 있다. 쓰면서 내 생각이 맞는지도 재확인하게 된다. 말은 막히기도 하고 의도한 바와 다르게 전달되기도 하지만 글은 변질이 되지 않는다. 둘째, 정성과 특별함을 담을 수 있다. 기본적으로 글은 성의가 충만해야 써진다. 이런 정성은 상대에게 분명하게 전달된다. 또 요즘 같은 세상에 편지를 받는다는 것은 그 자체로 특별함이 된다. 셋째, 편지에는 진심을 담을 수 있다. 말이나 전화, 이메일에 비해 마음을 담기에 훌륭한 수단이다.

나는 직장 생활을 할 때 세 통의 편지를 썼다. 첫 편지는 주니어 시절에 그룹 회장에게 보낸 글이다.

||||||||||||||||||||||||||||||||||||||||||||||||||||||||||||||||||||||||||||||||||||||||||||||||||||||||||||||||||||||||||||||||||||||||||||||||||||||||||||

회장님께 마음을 전합니다.

제가 드리는 이 편지가 행여, 건방지게 비칠까 두렵지만 그래도 몇 자 적습니다. 그것이 비서실 직원의 본분이라고 생각하기 때문입니다. 보고 절차를 통해 의견을 드리는 것이 정상적인 행동임을 압니다. 하지만 회장님께 전달되지 않을 것을 알기에 퇴사를 각오하고 몇 자 적습니다.

이미 결재하신 ○○○프로젝트에 대한 내용입니다. 충분히 숙고하시고 결정하셨겠지만, 몇 가지 문제점을 가지고 있습니다. 보고된 내용에는 프로젝트가 주는 유익과 성공할 수밖에 없는 이유들이 나열되어 있습니다. 하지만 이 프로젝트를 검토하는 과정에서 두 가지 문제점이 발견되었습니다. 한 가지는 절차적인 문제에서 해결하기 어려운 부분입니다. 또 한 가지는 현행법상에서 경영자에게 귀책이 될 수 있는 부분이 있다는 사실입니다. 그 문제들은 계열사 임원을 비롯한 프로젝트 팀도 인지했지만, 대부분 보고되지 않았습니다.

(중략)

저는 아직 경험과 식견이 부족합니다. 괜한 분란을 일으키는 것은 아닐까 하는 걱정도 됩니다. 저의 객기가 누군가에게 피해가 되지 않기를 바라는 마음입니다. 하지만 보고드린 것처럼 두 가지의 문제는 상황에 따라 달라질 수 있는 부분이 아닙니다. 현행법령에 배치가 되기 때문입니다. 어떤 결정을 하셔도 좋지만, 충분히 감안하셨으면 좋겠습니다. 일개 사원이 회장님께 이런 글을 드리는 것이 건방진 행동임을 압니다. 하지만 경영자의 눈과 귀를 가리지 않고, 잘 보필하는 것이 비서실 직원의 본분이라고 생각했습니다.

⁣⁣⁣

A4 두 장 분량의 글 중에서 기억나는 부문만 재생한 글이다. 사직서를 제출할 각오로 보낸 그 글은 결국 회장의 의사 결정을 바꾸게 했다. 이후로 회장은 가끔씩 나를 찾았다. 어떤 사항에 대해 진위 여부를 확인할 때 그랬다. "자네를 조금 더 일찍 만났으면 좋았을 텐데. 아쉽구나"라는 말만으로도 나에게는 회사 생활에 충분한 동기 부여가 됐다.

이후 두 통의 편지를 더 썼다. 한 통은 계열사의 전문경영인에게 쓴 편지였고, 나머지 한 통은 나와 관계가 심하게 불편했던 사람에게 썼다. 결과는 어땠을까? 나는 지금도 그들과 좋은 관계를 유지하고 있다. 요즘은 60대 이상의 선배 세대도 이메일과 SNS를 사용한다. 표현할 수 있는 방법이 다양해졌다. 하지만 사람의 마음을 전달하기에 손편지는 여전히 가장 좋은 수단이다. 혹 누군가와 오해를 풀고 싶다면 한 자 한 자 손으로 직접 쓴 편지를 전하는 것을 추천한다. 마음으로 쓴 글은 이성을 뛰어넘는다.

백 마디의 말보다
한 마디의 경청이 무기다

오늘 내가 말하는 것 중
나를 가르쳐 주는 것은 아무것도 없다.
나는 단지 경청을 통해 배운다.
_ 래리 킹

사회 초년생 시절, 잘 다니던 대기업에 사직서를 던지고 종로에 있는 영어 테이프 파는 회사에 들어갔다. 가장 빨리 성공하는 방법이라 생각했고, 잘 팔 수 있을 거라 생각했다. 아침저녁으로 진행되는 선배들의 교육을 통해 화법이며 영업 기술을 배웠다. 교육 시간에는 슈퍼맨이 되지만, 막상 현장에 나가면 벙어리가 되었다. 첫 달에 동기들이 몇 세트씩 팔 때 나는 겨우 한 세트를 팔았다. 차이점이라면 동기들은 팀장들의 도움을 받았고, 나는 팀장의 도움 없이 남산의 한 의상실에서 자력으로 첫 판매에 성공했다는 것뿐이었다.

그때부터 내 머릿속에서는 또 다른 내가 말을 걸기 시작했다.

'이 일은 너와 맞지 않아', '어지간한 회사원 월급 수준인 63만 원은 너무 비싸', '영어 테이프 한두 개쯤 없는 사람은 없어' 등등 이유가 수도 없이 떠올랐다. 그만두기로 마음을 먹었다. 대신 이 상태로 그만두면 창피하니 '일등 한번 해 보고 그만두자'로 목표를 정했다. 그만둘 생각을 하니 마음은 편했다. 두어 달 실적도 눈에 띄게 좋아졌다. 그러나 톱의 길은 여전히 멀었다. 나에게 전혀 맞지 않는 이 일을 빨리 그만두기 위해서는 조금 더 미칠 필요가 있었다.

그즈음 읽던 책에서 이런 문구를 발견했다. "나는 생각하지 않았다. 그냥 만나러 갔다. 그리고 그의 이야기를 들어줬다. (…) 그랬더니 그는 내 VIP 고객이자, 영업을 돕는 고객이 되었다." 그의 이야기를 믿어 보기로 했다. 지푸라기라도 잡는 심정이었다. 경비원에게 붙들려서 쫓겨나기도 했고, 미친 사람 취급도 받았다. 그래도 했다. 책으로 만난 그도 그랬다고 했다.

하루는 중견기업인 B상선을 찾아갔다. 가진 정보라고는 K전무가 오너 일가로 실권자이며 영업통이라는 것뿐이었다. 이른 시간에 찾아간 사무실에는 비서만 출근해 있었다. 비서는 약속이 되지 않은 만남은 어렵다며 돌아가 달라고 종용했다. 그래도 돌아가지 않자 경비원을 부르겠다며 으름장을 놓았다. 때마침 K전무로 보이는 사람이 출근했다. 나는 그를 향해 "선배님 안녕하십니까!" 하고 목청껏 인사했다. 해병대 훈련소에서나 내던 큰 목소리로 말이다. 고개를 갸우뚱하는 그를 따라 안으로 들어갔다. 그는 조금 의

아해하기는 했지만 나를 막지는 않았다.

"누구지? 우리가 아는 사이인가?"

"아닙니다. 저는 평소 전무님을 존경하는 후배입니다. 전무님께서 영업의 신이라고 들었습니다. 결례인 줄 알지만, 영업을 배우고 싶어서 용기 내어 찾아왔습니다."

K전무의 표정은 나쁘지 않았다. "앉아요"라는 말과 함께 그가 이야기를 시작했다. 나는 노트를 펼쳐 들고 그의 말을 적기 시작했다. 10분쯤 지났을까, K전무가 잠시 말을 멈추었다. 그러고는 "처음부터 다시 하지"라며 비서에게 커피와 간식을 들여오게 했다. 그때부터 영업에 대한 주옥같은 이야기들이 쏟아져 나왔다. 한 시간 30분 정도가 지나서야 그의 이야기는 끝이 났다. 나는 준비해 간 노트 한 권을 다 채웠다. 그제야 그는 찾아온 진짜 용건을 물었다.

"소문으로 명성을 들었습니다. 전무님의 이야기를 꼭 듣고 싶었습니다. 그리고 저는 영어 테이프를 파는 영업 사원입니다. 이제 영업에 입문한 생초보죠. 말도 잘 못하고, 사람들 앞에 서면 얼굴도 붉어집니다. 그럼에도 불구하고 직원들에게 브리핑할 수 있는 기회를 가지고 싶습니다."

"오, 그래? 좋아. 사흘 뒤에 직원들 조회가 있는데 한 시간을 비워 주지."

그는 흔쾌히 내 부탁을 들어주었다.

며칠 후, K전무는 진짜로 100여 명의 직원들을 회의실에 모아

주었다. 나는 기세등등하게 브리핑을 시작했다. 하지만 금세 말이 어눌해지고, 머리가 띵하고, 얼굴이 화끈거렸다. 당당한 모습만은 잃지 않으려 꼿꼿하게 허리를 세웠다. 기회를 준 K전무를 민망하게 할 수 없었기 때문이다. 얼마나 진땀을 흘렸던지, 무슨 말을 했는지도 기억이 나지 않는다. 결국 한 세트도 팔지 못했다. 그런 나를 바라보던 K전무가 나를 집무실로 불렀다.

"자네가 거기서 톱이 되면 얼마를 받을 수 있나?"

"네, ○○○○을 받을 수 있습니다."

"내가 그 연봉의 두 배를 주지. 자네가 마음에 들어. 나와 함께 일해 보지 않겠나?"

정말이지 솔깃한 제안이었다. 하지만 정중하게 거절했다. 영어 테이프 파는 일을 그만두기 위해 영업을 왔는데 그 좋은 제안을 거절하다니, 그땐 제정신이 아니었다. 아쉽다는 말과 함께 그는 언제고 생각이 바뀌면 찾아오라고 말해 줬다. 그리고 영어 테이프를 구매해서 직원들에게 나누어 주었다. 나는 그달부터 실적 톱이 되었다. 그리고 퇴사하는 날까지 18개월간 톱의 자리를 놓치지 않았다.

그 비결은 물론 그때까지 누적된 노력도 있지만, 노트 한 권을 가득 채운 K전무의 조언들, 그리고 그가 마지막으로 해 준 말을 가슴에 새겼기 때문이었다. 그는 내게 그런 기회를 제공하고 또 이직 제안까지 한 것은 나의 "경청하는 자세" 때문이었다고 했다. "자네처럼 말 잘하는 사람을 본 적이 없다"라는 과한 칭찬까지 들었다. K전무를 만나던 날, 나는 몇 마디 하지 않았다. 긴 시간 동안 한 것이라곤 진심으로 공감하고 들은 것뿐이다. 이 자세는 이후 내 영업 비결로 크게 한몫했다. 때로 경청은 상대에게 최고의 입담이 되고, 결국 자신에게 행운의 기회가 되기도 한다.

진심보다
강한 무기는 없다

보는 것은 믿는 것이지만,
느끼는 것은 진실이 된다.

_ 토머스 풀러

    수많은 전문가가 사람을 움직이는 힘으로서 빼놓지 않고 꼽는 것이 진심이라는 단어다. 진심 자체가 뒤틀린 욕망이거나 상대를 위한 것이 아닌 경우를 제외하면, 진심은 사람과 사람 사이를 이어 주는 가장 힘이 센 단어다. 많은 사람이 논리적인 것을 좋아하지만 결국 사람의 마음을 움직이는 것은 감정이다. 이때 가장 크게 작용하는 것이 진심이라는 요소다. 사람들은 영화나 드라마에 몰입하면 극중 인물과 함께 울고 웃는다. 어떻게 그런 감정 작용이 가능할까? 연기자 자신이 진짜 극중 인물이 되어 그를 대변하기에 보는 사람도 완전히 감정 이입을 하게 되는 것이다. 좋은 연기자는 연기하는 동안 진짜 그 사람이 된다. 현실에서도, 진심이 담긴 연기는 사람의 진짜 감정을 움직인다.

"죄송합니다, 죄송합니다, 진짜 죄송합니다……. 저는 지하철에서 양말을 팔던 사람입니다. 회사에서 실직을 당했는데, 차마 아내와 아이들에게 말할 수가 없었습니다. 가족은 먹여 살려야겠고…… 서울로 올라와서 지하철 행상을 시작했습니다. 살아 보자고 열심히 팔았습니다. 그런데 그때마다 단속에 걸려서 매번 30만 원이 넘는 벌금을 내야 했습니다. 결국, 무일푼이 되어 버렸습니다.

아내와 아이들을 만나고 싶습니다. 고향에 내려가고 싶은데 이제는 차비가 없습니다. 선생님들, 차비라도 마련할 수 있게 조금씩만 도와주시면 안 되겠습니까? 천 원짜리도 좋고, 백 원짜리도 좋습니다. 부디 부탁드립니다. 죄송합니다, 죄송합니다, 진짜 죄송합니다……."

드라마 대사가 아니다. 오래전에 지하철에서 만난 행상의 이야기다. 여느 때처럼 물건을 파는 사람들이 몇 명 지나갔지만 사람들은 별 관심이 없었다. 얼마 지나지 않아 정장 차림의 멀끔한 남자가 들어와 잠시 머뭇거렸다. 쭈뼛쭈뼛하다가 말을 하기 시작했다. 그는 말하는 내내 울음이 북받치는 듯 울먹였고 허리를 숙여 가며 머리를 조아렸다. 어떤 일이 생겼는지 짐작이 가는가? 여기서, 남자가 했던 말을 다시 한 번 읽어 보기 바란다. 사람들은 지갑을 열기 시작했고 그에게 만 원짜리를 쥐여 주었다. 그는 지하철

에서 10만 원이 넘는 여비를 마련했다. "감사합니다, 감사합니다. 열심히 살겠습니다"를 연발하며 큰절을 했다.

눈물을 닦으면서 지하철에서 내리는 그를 보며 사람들은 돈을 아까워하지 않았다. 오히려 딱한 사정을 안타까워하는 눈빛들이 었다. 사람들은 왜 지갑을 열었을까? 멀끔한 차림에 파는 물건 하나 없었지만, 그의 딱한 사정이 보였다. 말은 어눌했지만 진심이 전해진 것이다.

3년쯤 지났을까? 그를 지하철 안에서 다시 만났다. 놀라운 것은 아직도 고향에 내려갈 여비를 마련하지 못해 눈물을 흘리며 호소하고 있었다는 사실이다. 여전히 사람들의 마음을 열었고 지갑도 열었다. 그는 고수였다. 그 재능으로 연기자가 되었다면 정말이지 멋진 배우가 되었을 것이다. 하지만 현실은…… 나쁜 사람이다. 그럼에도 그가 사람들의 지갑을 열 수 있었던 건, 가짜였지만 그 상황을 매번 진심으로 여겼기 때문이다. 비록 사기지만 그는 진심으로 그 상황의 주인공이 되었던 것이다. 진심은 거짓도 통하게 만드는 마력이 있다.

하물며 연기가 아닌 진심의 힘은 어떨까?

어쩌다 보니 배움의 시대가 되어 버렸다. 이제 우리는 진심으로 말하고 행동하는 일조차도 자기계발로 여긴다. 무언가를 배우는 것으로 위안을 삼고, 시간과 노력을 투자하는 것만으로 자신이 변했다고 생각하기도 한다. 하지만 진심은 배워서 보여 줄 수 있는 것이 아니다. 아니, 배울 수도 배울 필요도 없다. 진심은 가공되면 빛을 잃는, 원석일 때만 빛나는 보석과 같다. 그저 있는 그대로의 나를 보여 주면 된다. 사람들은 배려하는 법, 말하는 법, 소통하는 법을 배우기 위해 시간과 돈을 투자한다. 온갖 기교를 배우면서도 정작 그 알맹이가 되어야 할 자신의 진심과는 만나기를 꺼려한다. 진심은 기교가 아니다. 솔직한 나를 보여 주는 일이다. 거기에 상대방의 입장을 고려하면 배려가 된다. 단지 그뿐이다.

진심 없이는 상대를 배려할 수 없다. 내가 인터뷰한 사람들 대부분은 자신이 대인 관계를 잘하지 못하는 이유가 자신의 말발이 약해서라고 생각했다. 반면 자신의 마음을 여는 가장 큰 열쇠는 진심으로 대하는 사람이라는 말을 명확하게 했다. 누군가에게 피해를 주는 것이 아니라면 진심이 가장 좋은 말발이고 기술이다.

자기를 바꾸는 일은 쉽지 않다. 나 역시 그렇다. 말을 잘 못하는 사람이 방언이 터진 듯 말을 잘하기는 어렵다. 유머 감각이 없는 사람이 갑자기 재미있어질 리 만무하다. 이런 것들은 노력한다고 쉽게 되지 않는다. 반면 진심은 있는 그대로를 보여 주는 것으로 충분하다.

관계에도 타이밍이 생명이다

알맞은 때의 한 바늘이
아홉 바늘을 절약한다.
_ 토머스 풀러

'인생은 타이밍'이라는 말은 누구나 한 번쯤 공감해 본 경험이 있을 것이다. 정말 사소하게는 지각을 면하게 해 주는 교통신호의 타이밍부터, 미래 설계를 좌우할 어떤 중대 사건의 타이밍까지 그 스펙트럼은 방대하다. 인생에서 겪는 많은 일이 환경이나 시기가 적절하게 맞아떨어져야 빛을 발한다. 탁월한 실력을 갖춰도 그것이 인정받을 수 있는 환경이 아니라면 그 조직에서는 성공하기가 어렵다. 멋진 아이디어가 있어도 너무 앞서거나 너무 늦는다면 시장에서 통하지 않는다.

타이밍은 관계나 직장, 사업 등 모든 상황에 적용된다. 같은 행동, 같은 말도 언제 어떻게 사용하는지에 따라 과정도 결과도 달라진다. 결코 작은 차이가 아니다. 좋은 의도로 표현한 것이 상대에게 반대로 비친다면 표현법과 함께 타이밍의 적절성을 복기해 볼 필요가 있다. 사람들은 기본적으로 말이나 행동에 영향을 받지만, 타이밍의 영향을 더 많이 받는다. 좋은 말은 타이밍이 맞지 않아도 어느 정도 효과가 있다. 반면 상대가 싫어하는 말을 할 때는 타이밍이 맞지 않으면 전달 자체가 되지 않는다.

타이밍이 주는 유익은 두 가지로 구분할 수 있다. 하나는 운運이고, 다른 하나는 선택이다. 전자는 관리가 불가능하지만 후자는 가능하다. 운칠기삼運七技三이라는 말처럼 인생의 성공은 운이 크게 작용한다. 그러나 운의 영역에서 사람이 할 수 있는 일은 긍정의 힘으로 노력하고 잘되기를 바라는 마음까지다.

반면 선택은 사람의 영역이다. 특히 관계에서의 타이밍은 선택으로 통제하고 조절할 수 있다. 좋은 타이밍을 선택하면 관계의 가성비가 높아진다. 운에 비해 변수가 적다.

대화의 타이밍을 예로 들어 보자. 열심히 말을 하는데도 상대가 내 말을 듣지 못하는 경우가 있다. 이는 대부분 상대가 들을 수 없는 상태일 때 말을 하기 때문이다. 아무리 진정성 있는 말을 해도 상대가 듣지 못하는 상황이라면 의사를 전달한 것이 아니라 혼잣말일 뿐이다. 사람은 어떨 때 이런 상태가 될까? 즐거운 일이 있을 때, 그리고 힘든 일이 생겼을 때다. 사람은 이 두 가지 상황에 처하게 되면 감정이 흥분 상태에 이른다.

'기분 좋은' 상태를 넘어 기쁨에 흠뻑 빠진 상태에서는 차분히 상대의 말에 귀 기울이며 이성적인 판단을 내리기가 어렵다. 관계에 따라 이 경우는 자칫 악용될 수도 있는데, 상대가 기분 좋은 틈을 이용해 무리한 부탁을 받아들이게 하는 것이 대표적이다. 물론 엄마가 기분 좋을 때 용돈을 받아 낸다거나, 상사가 기분 좋을 때 자신의 업무상 실수를 사과한다거나 하는 등 선을 넘지 않는 이상 얼마든지 관계에 윤활유가 될 수 있다.

하지만 상대가 힘든 상황일 때는 부정적인 요소가 더 많다. 승진에 떨어졌다는 소식을 방금 접한 동료에게 가벼운 말투로 "이봐, 일 똑바로 안 해?"라고 말하면 상대를 자극할 뿐이다. 또한 꼭 감정 상태가 아니라도 물리적으로 들을 수 없는 힘든 상황일 때도 있다. 상대가 전화 통화를 하는 중이라고 해 보자. 그 상황을 보고도 상대에게 "이것 좀 해 줘", "이거 내일까지 보고해"라고 한다면 정상적인 소통이 어렵다. 말한 사람은 있지만 들은 사람은 없는 이상한 상황이 된다. 듣지 않는 것이 아니라, 듣지 못하는 것이다. 이처럼 상대가 들을 수 없게 말하는 것은 관계의 능력이 부족한 것이다. 직장의 리더라면 더더욱 그렇다. 직장은 애써 권력을 사용하지 않아도 상하 구분이 있는 조직이다. 인격이 현저하게 떨어지는 사람이 아니라면 상사의 말을 무시하거나 개념 없이 들을 사람은 없다. 기본적으로 들을 자세가 되어 있다. 중요한 것은 말이 먹히는 타이밍이다.

동수에게 힘든 일이 생겼다. 가정불화가 있는데 사업마저 사기를 당해 부도가 났다. 누구라도 붙잡고 위로받고 싶을 정도로 힘들었다. 그래서 친구인 민호에게 전화를 했다.

"민호야, 바쁘냐?"

"왜, 무슨 일 있어?"

"그냥, 사는 게 힘드네. 시간 되면 오늘 술친구 좀 해 줄래?"

"오늘? 오늘은 조금 그런데."

"오늘 바쁘니?"

"요즘 계속 야근했더니 조금 피곤하네."

며칠이 지나고 민호가 동수를 위로하기 위해 전화를 했다.

"동수야, 뭐 하냐?"

"그냥 있는데 왜?"

"왜라니? 친구가 힘들다니까 술 한잔 사려고 그러는 거지."

"그래? 마음은 고마운데 오늘은 그냥 혼자 있고 싶다."

"……"

타이밍이 맞지 않았을 뿐인데, 둘의 관계는 소원해졌다. 친구의

위로가 필요했던 순간이 며칠 전이었기 때문이다. 사랑도 일도 타이밍이 맞아야 효과적이다. 살다 보면 타이밍이 어긋나 기회를 잃는 일들이 생긴다. 반대로 타이밍이 맞으면 사소한 행동이 뜻밖의 좋은 결과를 만들기도 한다.

타이밍의 사전적 해석은 '동작의 효과가 가장 크게 나타나는 순간' 또는 '그 순간을 위하여 동작의 속도를 맞추는 것'이다. 타이밍은 시간을 뜻하지만 그 언어적 의미 이상으로 큰 효과를 가진 마법의 단어다. 칭찬은 유효한 타이밍에, 지적은 먹히는 타이밍에 하는 것이 좋다. 타이밍이 표현을 완성하기 때문이다.

꼬인 관계를 푸는
마법의 열쇠

행복의 90퍼센트는 인간관계에 달려 있다.

_ 키르케고르

지금까지 관계가 좋아지는 표현에 대해 일곱 가지 키워드로 이야기해 보았다. '쉽게 말하기, 격려, 사과, 손편지, 경청, 진심, 타이밍'이 관계를 이어 주고 꼬인 관계를 푸는 열쇠라고 했다. 사람과 사람 사이의 거리를 지켜 주는 일이라고도 말했다. 하지만 누군가에게 쉬운 일도 다른 누군가에게는 여전히 어려울 수 있다. 사람이 갑자기 변하기는 쉽지 않다. 내성적인 사람이 갑자기 외향적이 되기는 어렵다. 말수가 적은 사람이 갑자기 수다쟁이가 되기도 어렵다. 머리로는 알아도 여전히 표현하기가 쉽지 않다면, 적어도 다음 세 마디는 기억해 주기 바란다.

"반갑습니다."

"고맙습니다."

"미안합니다."

이 간단한 세 마디의 효과는 강력하다. 나는 관계에서 이보다 더 지혜로운 말을 경험하지 못했다. 사람들은 이 쉬운 말을 의외로 잘 하지 않는다. "꼭 말을 해야 아나?"라는 말의 근원이 여기서 파생되었음이 분명하다. 그러나 이 세 마디는 마법의 언어다. 앞에서도 여러 번 언급했지만 사람을 움직이는 것은 현란한 기술이 아니다. 반가움을 담은 인사, 고마움에 대한 표현, 실수에 대한 인정, 이 세 마디면 사람은 서로 통한다. 지금부터라도 이 세 마디의 매력에 빠져 보면 어떨까?

첫 번째 말, "반갑습니다!"

이 말은 사람의 마음을 열어 준다. 미소와 함께 사용하면 최고다. 거기에 더해 손까지 맞잡을 수 있으면 좋다. 미사여구 가득한 말들이 많지만, "반갑습니다"보다 명료하고 멋진 인사의 말을 찾기는 어렵다. 내성적인 사람도 말주변이 없는 사람도 이 한마디면 된다. 멋쩍으면 웃어도 좋다.

기본적인 인사도 잘 사용하면 기술이 된다. "반갑습니다"라는 인사는 사람의 마음을 여는 첫 관문이다. 가벼운 데 비해 가치가 높은 말이다. 돈도 들지 않는다. 매일 만나는 사람이라면 "좋은 아침입니다"라고 변형하면 된다.

두 번째 말, "고맙습니다!"

이 말은 듣는 사람의 기분을 즐겁게 만든다. 자신의 배려가 큰 것이든 작은 것이든 고맙다는 말을 듣는 것은 기분 좋은 일이다. 이런 말은 남발해도 좋다. 언제 어디서 사용해도 좋다. 엘리베이터에서 문을 잡아 준 사람에게, 커피를 내주는 사람에게, 자리를 양보해 준 사람에게 "고맙습니다" 한마디면 호의에 대한 보답이 된다. 호의에 대한 감사는 또 다른 호의를 낳지만, 반응하지 않으면 호의는 점점 사라져 간다. 사람이 사람을 만나는 일은 철저한 상호작용이다. 내가 받는 어떤 호의도 당연한 것은 없다.

세 번째 말, "미안합니다!"

이 말은 사람의 마음을 치유한다. 우리가 관계에서 상처를 받거나 실망하는 것은 큰 사건 때문이 아니다. 작은 상처가 쌓이고 쌓여 깊은 상처가 된다. 사람들은 종종 실수를 하고도 상대에게 큰소리를 친다. 자기 잘못은 알지만, 상대가 너무 과하게 화를 내면 같이 화를 낸다. '이렇게까지 화낼 일은 아닌데 너무 지나친 거 아니야?' 하는 생각에 적반하장이 된다. 하지만 이런 경우는 꼭 당면한 일만으로 상대가 화를 내는지 돌이켜 볼 필요가 있다. 상처는

한 번에 곪지 않는다.

예를 들어 내가 커피를 탈 때마다 "타는 김에 내 것도", 내가 복사를 할 때마다 "하는 김에 내 것도", 청소를 할 때마다 "하는 김에 내 자리도" 같은 상황이 하루에도 몇 번씩 반복된다면 기분 좋을 리 만무하다. 부탁하는 사람 입장에서는 부탁한 기억조차 없는 일들이다. 관계에서 생기는 갈등도 이런 식의 메커니즘인 경우가 꽤 많다. 미안함은 그때그때 해결하는 것이 좋다. 쌓을수록 해결이 어렵다. 내 잘못이든 상대의 잘못이든, 다툼이 되는 이유는 대체로 미안함을 표시하지 않기 때문이다.

특별한 경우가 아니라면 "미안합니다"라는 사과는 항상 통한다. 사과를 받고도 죽자고 덤비는 사람은 없다. 이 말이 만병통치약은 아니지만 적어도 상대의 불쾌감은 줄여 준다. 누구나 실수를 한다. '내가 잘못한 건가?' 하는 생각이 든다면 그저 "미안합니다" 한 마디면 된다. 더 큰 목소리로 상대를 제압하는 것보다 훨씬 기분이 좋다.

"반갑습니다."

"고맙습니다."

"미안합니다."

마법의 언어 이 세 마디를 나의 세 딸은 유독 잘 사용한다. 이 말이 아이들을 더 빛나게 한다. 동네 어른, 경비 아저씨, 가게 사장님 들이 꼭 사탕 하나라도 챙겨 주려 한다. 딸들과 빵집에 가면 사장님은 언제나 과하게 서비스를 준다. 장사의 기술이라고 생각할 수 있겠지만, 그렇지 않다. 세상의 모든 우연도 반복되는 것에는 이유가 있다.

나는 그것이 이 세 마디의 힘이라고 믿는다. 나이가 들어 갈수록 경험과 지혜는 늘지만 너무 생각이 많아진다. 아이들에게 배워야 하는 것은 단순함이다. 세상 모든 일은 대체로 복잡하게 생각해서 어려워진다.

먹히는 표현 vs 먹히지 않는 표현

먹히는 표현	먹히지 않는 표현
설명이 있는 분명한 목표	설명이 없는 불분명한 목표
해석이 분명한 표현	사람에 따라 해석이 다른 이상한 표현
원칙이 분명한 표현	원칙이 없는 불분명한 표현
원칙을 바탕으로 한 유연성	원칙이 없는 유연성
분명한 사과	겸사겸사 하는 사과
"잘했어", "수고했어"라는 격려	수사가 많은 격려
진심이 느껴지는 표현	진심이 느껴지지 않는 표현
소통을 바탕으로 한 대화	일방적인 대화
타이밍이 맞는 표현	타이밍이 맞지 않는 표현
기본을 바탕으로 한 기술적 표현	기본이 없는 기술적 표현

CHAPTER
4

착각과 이기심은
관계에 독이 된다

"다 널 위해서야!"라는 이기적인 말

확실한 거절이
상대를 위한 진정한 배려다.
_ 알랭 드 보통

'당신을 위해'라는 말은 대표적인 영역 침범의 표현이다. 이것이 "쇠귀에 경 읽기"와 합쳐지면 최상급이 된다. 설령 이 표현을 사용하는 사람이 좋은 의미를 담고 있다 하더라도, 타인에게는 그렇게 비치지 않는 경우가 많다. "나는 나 자신보다 당신을 더 위합니다"라는 말을 곧이곧대로 믿을 사람은 없다. 세상에 어떤 사람도 자신보다 남을 더 위하는 사람은 없기 때문이다. 이런 표현을 자주 사용할수록 그는 오히려 이기적으로 비쳐진다. 또 여기서 나아가 자신이 막말하는 이유, 생각을 강요하는 이유, 원하지 않는 일을 시키는 이유를 모두 이 한마디로 덮어 버린다면 지독하게 독선적인 사람으로 비쳐진다. 어떤 이들은 이런 사람을 두고 카리스마 있다고 하지만, 이런 것은 카리스마가 아니다.

||||||||||||||||||||||||||||||||||||||||||||||||||||||||||||||||||||||||||||||||||||||||||||||||||||||||||||||||||||||||||||

"그건 선배와 아무 상관이 없는 일입니다. 선을 넘지 말아 주세요."

"이게 다 너를 위해서야. 주변에 이런 말 해 주는 사람이 나 말고 또 있어?"

"그러니까 선배가 관여하실 일이 아니라고요. 그만하시죠."

"사람은 쓴소리를 들을 수 있어야 발전이 있는 거야. 당신을 진짜로 위하니까 쓴

소리도 하는 거라고. 진짜 무서운 게 뭔지 아나? 무관심이야, 무관심."

||||||||||||||||||||||||||||||||||||||||||||||||||||||||||||||||||||||||||||||||||||||||||||||||||||||||||||||||||||||||||||

이기적인 사람일수록 "이게 다 당신을 위해서야"라는 말 한마
디로 많은 것을 덮어 버린다. 그런 유형의 사람은 자신의 모든 행
동이나 말, 표현에 반드시 이유가 있다. 철저하게 자기 본위적인
이유가. 아이러니하게도 이렇게 타인을 고려하지 않는 유형의 사
람들은 행복지수가 높은 편이다. 주변이야 힘들든 말든 제 속은
합리적이고 후련하며 평화로울 수 있으니까. 그러나 '당신을 위해'
라는 표현은 관계에도 일에도 전혀 도움이 되지 않는다. 이 말은
하는 사람도 듣는 상대도 하향 평준화하는 결과를 낳기 때문이다.

무엇보다 이 표현이 나오는 순간, 상대의 반론 자체가 차단된
다. 상대가 나를 위해서 하는 말이라는데 듣지 않으면 속 좁고 고
집 센 사람이 되는 것 같다. 특히 권력 관계에서는 더더욱 반론이
힘들다. 따라서 자신의 권력을 휘두르기만 할 것이 아니라면 사용

하지 않는 것이 좋다. 이와 비슷한 예로, 상대의 의견이나 반론에 "왜 그렇게 부정적이야?"라고 한마디 덧붙이면 더 이상 말을 꺼내기 어려워진다. 힘 있는 사람들이 말할수록 파급력이 더 크다. 또 다른 예로, 종교 지도자의 실수에 대해 문제를 제기하는 신도에게 "믿음으로 감당해야지"라고 말한다면 이 역시 더는 문제 제기가 불가능해진다.

자신에게 편리한 이기적인 말을 쉽게 뱉는 사람들에게는 몇 가지 특징이 있다. 첫째, 자기가 다 옳은 줄 안다. 둘째, 모든 것을 자신을 기준으로 바라본다. 셋째, 자기가 한 행동에 대해 절대 후회하지 않는다.

이기적인 사람을 가려내는 것은 별로 어렵지 않다. 일단 그들은 스스로 언행일치가 되지 않는다. 타인에게는 쉽게 말하지만 자신이 행동으로 옮기지는 않는다. 이런 사람들은 대체로 자신에게 관대하고 타인에게는 인색하다. 자기가 한 것과 같은 행동을 타인에게 돌려받는 것을 극도로 싫어한다. 그래서 그들은 항상 가르치는 사람, 베푸는 사람의 입장을 고수한다. 목소리도 크다. 이런 사람을 직장이라는 공간에서 만나면 직장 생활이 불행하다. 맞서는 것도 방법이겠지만 피하는 것이 상책이다. 그들은 매우 집요해서, 어지간한 내공으로는 버텨 내기가 어렵기 때문이다.

대체로 이런 부류의 사람들은 단어의 해석 자체가 남들과 다르다. 같은 불만도 자신이 말하면 개선을 위한 문제점 지적이고, 타인이 말하면 불만주의자로 구분해 버린다.

'당신을 위해'라는 말은 본래 좋은 의미다. 당신을 소중히 여긴다는 의미를 부정적으로 해석하기는 어렵다. 그러나 사용법에 따라 상대에게 이기적인 언어로 비친다. 특히 상대가 불편을 표시하거나 의견을 말하는 상황에서 이 말을 가져다 쓰는 것은 상대가 할 말을 잃게 만드는 일이다. 정당하게 불편함을 표현하는 상대에게 "이게 다 당신을 위한 거야"라고 말하는 것은 지독한 자기합리화이자, 때로 폭력이 된다.

이기적인 사람들은 '역지사지'조차도 자기 입장에서만 적용한다. 그것을 역지사지라고 우격다짐으로 사용할 뿐이다. '당신을 위해'라는 표현도 사실은 '나를 위해'임을 스스로 기만한 채 우격다짐으로 사용하면 관계의 날을 세우게 된다.

받아들이는 사람이 없는 "다 당신을 위해서야", "내 말투가 원래 그래", "좋은 마음이니까 당신이 이해해"라는 표현은 자제하는 것이 좋다. 이 표현에 상처받고 지친 사람들은 이런 표현에 그다지 호의적이지 않다.

"좋은 게 좋은 거야!"라는 이상한 말

지옥에서 가장 뜨거운 자리는
도덕적인 위기에서 중립을 지킨
사람들을 위해 마련한 곳이다.
_ 단테, 《신곡》

"좋은 게 좋은 거다"라는 말은 '좋은 쪽으로 생각하자, 그냥 넘어가자'라는 뜻으로 사용된다. 얼핏 긍정적 언어처럼 들린다. 이 문장을 관계에 적용하면 매번 잘잘못을 가릴 필요가 없어지고 치열하게 다툴 일도 없어지는 것처럼 보인다. 그러나 이 말은 다툼을 없애는 것이 아니라 문제를 키운다. 시간을 보내면서 작은 일들이 쌓이고 쌓이면 누구나 감당하지 못하는 순간을 맞이한다. '좋은 게 좋은 거'라는 말을 스스로 되뇌어 온 사람들은 폭발하는 순간 단칼에 관계를 끊어 버리기도 한다. 참을 만큼 참았기 때문이다.

만약 한 집단의 리더가 갈등 상황에 대해 이런 태도를 취한다면 쉽고 게으른 선택을 하는 것이다. 문제를 해결하지 않은 상태

135

에서 상황을 마무리해 버리기 때문이다. 가해자(문제를 일으킨 사람)로서는 손해 볼 것 없지만 피해자(당했다고 생각하는 사람)에게는 최악의 상황이 된다. 리더의 책임 회피다. 일시적으로는 좋은 선택으로 보이기도 하지만 분명 '적당히 넘어가자'는 게으른 선택이다.

예를 하나 보자. 어떤 회사가 단결을 목적으로 야유회를 갔다. 맛있는 음식을 먹고 나서 두 팀으로 나누어 족구 시합을 하기로 했다. 승리 팀에게는 지점장이 금일봉을 걸었다. 경기에 앞서 지점장이 규칙을 설명했고, 모두 의욕이 넘치는 상태로 경기가 시작되었다. 그러나 얼마 지나지 않아 경기는 난장판이 됐다. A팀 팀장이 몇 번에 걸쳐 규칙을 바꾼 것이 발단이었다. 이에 지점장은 "야, 다투지 마. 좋은 게 좋은 거야. 그냥 해"라며 경기를 속행시켰다. 얼마 지나지 않아 A팀 팀장이 B팀 팀장에게 깐죽거리기 시작했고, 이내 경기는 큰 싸움으로 번졌다.

"지점장님, 중재를 하셔야 할 것 같습니다."
"뭐 하려? 지들 문제는 지들끼리 해결해야지. 나는 저런 진흙탕 싸움에 끼이고 싶지 않아. 거참, 아무것도 아닌 걸로 싸우고들 그래. 둘 다 그만해. 좋은 게 좋은 거야. 술 한잔하면서 풀어."

이 지점장은 영업 조직에서 실적이 뛰어났던 사람이다. 그가 지점을 꾸릴 때 유독 지원자가 많았다. 실력 있고 좋은 사람이라는 평이 많았기 때문이다. 지점이 출범할 때의 분위기는 최고였다. 처음에는 지점장의 "좋은 게 좋은 거야"라는 말이 통하는 듯했지만, 야유회를 계기로 생기기 시작한 균열은 걷잡을 수 없었다. 결국 지점의 영업 사원들 절반이 퇴사를 했다. 이후로도 직원들 간에 사소한 마찰이 계속되었지만 지점장은 늘 "나는 평화주의자야"를 외치며 중재 역할을 하지 않았다. 이따금 회의 자리에서만 고전에 나오는 사례를 들먹이며, 군자는 사소한 일로 다투지 않는다는 말을 전했다. 자기는 싸움이 싫고, 누구 편도 들기 싫다는 것이다.

우리는 군자가 아니다. 서로 다른 사람들이 함께 어울리며 세상을 살아가려면, 잘잘못이 분명한 상황은 시시비비가 가려져야 하고 적절한 중재도 필요하다. 결국 초반 실적이 톱이었던 그 지점은 얼마 지나지 않아 하위권으로 떨어졌다. 리더의 착한 사람 증후군의 씁쓸한 결말이다.

"우리는 몇 년간 프로그램을 진행하면서 단 한 번도 싸운 적이 없어요. 이 정도면 찰떡궁합 아닌가요? 저는 우리가 최고의 팀이었다고 생각해요."
"다툰 적이 없는 건 사실이에요. 하지만 저로서는 그래서 힘든 부분도 있었어요."

예능 프로그램에서 오랫동안 호흡을 맞춘 두 사람이 종방 시간에 주고받은 말이다. 둘은 좋은 호흡을 통해 시청자들에게 즐거움을 주었고, 이 이야기도 화기애애한 분위기에서 허심탄회하게 나왔다. 그래도 두 사람의 말을 가만히 들어 보면 관계에서 '좋은 게 좋은 거'라는 생각이 어떤 작용을 하는지 힌트를 얻게 된다.

먼저 자신들이 최고의 팀이었다고 생각한다는 A가 말했다. 나는 좋은 게 좋은 거라고 생각하는 사람이다, 생각이 다른 부분이 있었지만 배려하는 마음으로 상대의 의견을 따랐고, 결과적으로 서로 꽤 괜찮은 호흡이었다, 라고. 하지만 B는 생각이 달랐다. 상대가 의견을 정확하게 말하지 않으니 상대의 눈치를 봐야 했고, 내가 모든 것을 책임져야 한다는 부담감도 느꼈다고 했다. '좋은 게 좋은 거'라는 원칙을 내세울 때는 그것이 자신에게만 좋은 건 아닌지 꼭 점검해 봐야 한다. 나에게도 상대에게도 좋은 게 진짜 좋은 거다.

보고 싶은 공연이 있어서 표를 사기 위해 아침부터 줄을 섰다. 선착순 100명까지만 표를 살 수 있는데, 내 순서가 될 무렵 여섯 명이 새치기를 했다. 공연이 얼마나 보고 싶었으면 이렇게까지 할까, 하며 내가 표 사는 데 지장도 없으니 양보를 했다. 내가 표를 구입하고 나서 곧 매진이 되었다. 과연 잘한 일일까? 나 때문에 여섯 명의 피해자가 생겼다. 그것은 배려도 착한 행동도 아니다. 적어도 착한 것과 피해를 주는 행동은 구분이 되어야 한다. "악에 항의하지 않는 사람은 악에 협조하는 것이다." 마틴 루서 킹 목사의 말이다.

차별과 편을 가르는
독설

진정한 대화의 기술은 적절한 곳에서
적절한 것을 말하는 것이다.
그러나 더 어려운 것은 말하고 싶은 유혹을 느낄 때
적절치 않은 말을 하지 않고 남겨 두는 것이다.

_ 도로시 네빌

(잘했어!)

"팀장님, 저번에 지시하신 내용에 대한 보고서 초안입니다. 방향이 맞는지 한번

봐주시겠습니까?"

"그래 한번 보자. (…) 잘하기는 했는데 이건 이렇게 수정하고, 여긴 이렇게 바꿔

봐. 수정이 다 되면 다시 한 번 보자."

"네, 감사합니다."

"역시 김 대리는 최고야. 수시로 상사의 의견을 묻는 것은 중요하지. 역시 내 후배

라니깐."

〔이런 것도 똑바로 못해!〕

"팀장님, 저번에 지시하신 내용에 대한 보고서 초안입니다. 방향이 맞는지 한번 봐주시겠습니까?"

"박 대리, 충분히 지침을 줬잖아. 내가 초안까지 봐줘야 되나? 이리 가져와 봐. (…) 야, 누가 이렇게 작성하래? 내가 이렇게 하라고 했나?"

"그러면 어떤 식으로 수정하는 게 좋을까요?"

"그때 내가 말한 대로 다시 수정해 와."

"네?"

"그때 내가 다 말했잖아!"

분명 같은 행동을 해도 미운 사람이 있고 예쁜 사람이 있다. 그러나 이 마음은 밖으로 *끄*집어내지 않는 것이 좋다. 말이나 행동으로 표현되는 순간 주워 담을 수 없다. 직접적으로 표현하면 상대가 느끼고, 다른 사람에게 에둘러 표현해도 어떤 식으로든 상대에게 전달되게 마련이다.

누군가에게 차별을 느끼게 만드는 표현이 가진 장점은 없다. 어떻게 해도 내 눈에 들 수 없다는 것을 상대가 느끼고 나를 향해 관계의 날을 세우게 만들 뿐이다. 표현도 마음에만 담고 있어야 하는 것과, 밖으로 *끄*집어내야 좋은 표현이 따로 있다. 이것을 구분하지 않으면 주위에 내 편과 남의 편만 존재하게 된다. 관계가 이분법으로 갈리는 것이다.

제아무리 인맥이 탄탄한 사람도 적이 많아지면 관계의 적신호가 켜진다. 장기적으로는 유지되는 인맥보다 척을 지는 인맥이 더 많아진다. 차별의 말은 칭찬하고 두둔하는 사람에 대한 긍정적 효과보다, 자신에게 적대적인 사람에게 주는 부정적 효과가 더 크다. 어떤 사람도 같은 행동에 대해 받는 평가가 차별적인 상황에서 유쾌할 수 없다.

흔히 쓰는 표현 중에 "우리가 남이야?"라는 말이 있다. 이런 표현은 자제하는 것이 좋다. "우리가 남이야?"를 받아들이는 사람들을 제외하면, "우리는 진짜 남이다!"를 만드는 표현이기 때문이다. 이 표현은 의외로 관계에서, 특히 직장에서 많이 쓰인다. 그러나 사람들에게 그다지 우호적인 표현이 아니다. 내 편을 만드는 말처럼 보이지만 반대로 적을 만드는 가장 확실한 방법이기 때문이다. "우리가 남이야?"라는 말은 누군가에게 불로소득을 주지만, 또 다른 누군가에게는 확연하게 불이익을 주는 표현법이다. 결국 편 가르기 의식을 만들어 낸다. 경험해 본 사람은 잘 알겠지만 편 가르기는 호환, 마마보다 무섭다. 내 편은 변해도, 남 편은 절대 내 편이 되지 않는다. 지난날 당신이 한 행동을 기억하기 때문이다.

선배 중에 몇 년 전 사업을 시작한 김 대표는 인생의 딜레마를 혹독하게 경험하고 있다. 자신이 씨앗처럼 뿌려 놓은 "우리가 남이야?"로 인해 곤경에 처한 것이다. 제2의 인생을 위해 사업을 시작한 그는 직장인 시절을 화려하게 보낸 사람이다. 소위 회사에서 날고 기었다. 그러나 직장인의 신화였던 그 역시 회사라는 우산을 벗어 던지고 시작한 일에서 연일 고배를 마시고 있다. 선배는 자신의 상황이 너무 황당하다고 말한다. 예상과 다르게 자기를 돕는 사람보다 공격하는 사람이 많아서다. 그리고 자신에 대한 평판이 자기가 깔아 놓은 사람들이 아닌, 척을 진 사람들에 의해 더 큰 영향을 받는다는 사실에 당황하는 눈치다.

김 선배는 자기 사람을 지독히도 챙기는 사람이었다. 그러나 그 과정에서 차별로 인해 상대적 손해를 경험한 사람들이 많았다. 그가 퇴직하자 그들은 모두 적으로 돌변했다. 선배는 "사람들이 속 좁다", "내가 무슨 피해를 줬다고"라고 말하지만, 관계는 그렇게 호락호락하지 않다. 무엇보다 회사 임원 시절에 선배는 혈연, 지연, 학연으로 얽힌 자기 사람들은 조건 없이 돕고, 자신과 관계가 없는 사람들은 철저하게 외면했다. 막상 회사를 뒤로하고 나오니 자기가 도움을 받아야 하는 사람들이 죄다 자신이 버린 사람들이었다. 인생은 참 아이러니하다. 고장 난 사람을 고쳐 쓰기는 어렵다. 그러나 고장 난 사람이 건강한 사람들을 이용해 먹기는 더 어렵다. 10년 만에 만나도 좋은 관계는 다시 이어지지만, 고장 난 관계는 한 달 만에 만나도 끊어지는 법이다.

얼마 전 참석한 모임에서 한 여성이 자신의 시어머니를 욕했다. 과일을 잘 못 깎는다는 이유로 구박을 받고 배운 게 없다는 소리까지 들었다고 했다. "한마디 하지그랬어?"라는 다른 사람의 조언에 그녀는 "자주 볼 것도 아닌데 뭘"이라는 의미심장한 말을 남졌다. 남이면 절대 그냥 안 넘어갔을 테지만, 이 경우에는 그냥 '안 보고 살면 돼'라는 생각을 한 것이다. 남이 아니고 남이 될 수도 없는 관계라서 더 차가워질 수 있는, "우리가 남이야?"의 역설이다. "우리가 남이야?"라는 말은 여러 가지 언어와 방법으로 표현된다. 이 말에 너무 기대다가는 내 편도 남도 다 잃는다. 내 사람도 남이 아니라는 이유로 만만하게 생각하다가는 남보다 더 차가운 관계만 남을지 모른다.

지적질과 조언을
혼동하는 말

세상에서 가장 쉬운 일은 남에게 충고하는 것이고,
세상에서 가장 어려운 일은 나를 아는 것이다.
_ 탈레스

조언은 어느 정도의 기술이 필요한 일이다. 칭찬이나 격려는
조금 어눌해도 관계에 크게 영향을 미치지 않지만, 조언은 때때
로 상대의 감정을 건드린다. 또한 상대가 문제점을 이미 알고 있
는 경우도 많다. 타인에 의해 자신의 문제를 재확인하는 것이 그
리 유쾌한 일은 아니다. 그들이 궁금해하는 것은 문제 자체가 아
니라, 어떻게 해야 할지 대책인 경우가 대부분이다.

그럼에도 상대의 문제점을 말해야 한다면, 정확하게 짚어 주어
야 한다. 상대가 받아들이지 못한다면 조언은 지적 이상의 힘을
갖지 못하기 때문이다. 정확하게 아는 것이 아니라면 더더욱 주의
하는 것이 좋다.

조언을 잘하기 위해서는 몇 가지 규칙을 지켜야 한다. 첫째, 타이밍이 맞아야 한다. 상대가 받아들일 준비가 되어 있지 않다면 조언은 역풍을 맞을 수도 있다. 둘째, 반드시 대안을 함께 제시해야 한다. 해답까지는 아니더라도 방향성은 정확하게 주어야 한다. 셋째, 간결해야 한다. 고대 로마의 풍자시인 호라티우스는 "어떤 충고도 길게 하지 않아야 한다. 충고가 길어지면 누구도 듣지 않는다"라고 말했다. 마지막으로, 모든 것이 완벽한 상태에서 하는 조언도 상대가 듣기를 원하지 않으면 멈춰야 한다. 서로에게 득이 될 것이 없다.

"어떻게 하면 직장 생활을 잘할 수 있나요?"
"응, 열심히 하면 돼!"
"더 잘하려면 어떻게 해야 하나요?"
"응, 더 열심히 하면 돼!"

사회 초년생 시절, 선배가 들려준 명언이다. 웃자고 하는 말이니 웃을 수밖에. 선배가 후배에게 하는 조언에는 통찰력이 있어야 한다. 그렇지 않으면 우습게 보인다.

① "할 줄 알지?" → "알아서 해 봐." → "그렇게밖에 못해?" → "아직도 모르나?"

② "시키는 대로 해." → "누가 그렇게 하라고 했어?" → ("그럼 어떻게 할까요?")

　　→ "아직도 모르나?"

이 두 가지는 3장 '심플해야 서로가 편하다' 편에서 언급했던 말이다. 만약 회사에서 리더의 조언이나 지시가 ①, ②와 같다면 후배들은 어떤 생각이 들까? 자리만 지키고 있는 꼰대로 느껴질 뿐이다. 이는 직장인들에게 가장 많이 확인된 불만이다. 상사로 지칭되는 꽤 많은 사람들이 ①, ② 프로세스를 사용한다. 지시하는 사람이 무엇을 어떻게 시켜야 할지 모르면 상대는 혼란스럽다. 자신의 말에 설득력이 떨어지면 말이 많아지거나 언성이 높아지기도 한다.

지시가 정확하면 좋은 결과물이 나오고, 조언이 명쾌하면 상대에게 도움이 된다. 하지만 잘 모르는 것을 잘 아는 것처럼 말하면 애꿎은 사람들의 시간을 허비하게 만든다. 회사에서 후배들이 가장 불만스러워하고 듣기 싫어하는 말이 "할 줄 알지?"와 "알아서 해 봐"라고 한다. 업무에 대한 명확한 설명 없이 일을 시키는 이 우매한 지시는, 후배들의 "이건 제 일이 아닌데요"라는 말과 동급이다. 이 말은 선배들이 후배들에게 가장 듣기 싫어하는 말이다. 적절한 대안이 없는 조언은, 내용을 모르고 지시하는 리더의 모습과 닮은꼴이다.

직장인도 두 부류가 있다. 한 부류는 전문화된 직장인이고 다른 한 부류는 숙련된 직장인이다. 직장에서 시간을 많이 보낸 사람은 숙련자, 일을 제대로 배운 사람은 전문가다. 대체로 숙련자에게는 배울 점이 적다. 그러면서 선배 대접은 깍듯이 요구한다. 반면 전문가에게는 배울 점이 많다. 또 전문가 그룹은 후배에게도 배울 건 배우지만, 숙련자 그룹은 후배에게 채찍질만 한다. "열심히 해", "더 열심히 해", "술이나 한잔하자"는 숙련자 그룹의 주요 레퍼토리다.

특히 전문성이 필요한 요리사를 예로 들어 보자. 20년 경력의 주방장이 있다. 그가 만든 요리는 아주 맛있다. 그에게 후배가 조언을 구했다.

"선배님, 어떻게 하면 짬뽕을 맛있게 만들 수 있을까요?"

"음식은 손맛으로 만드는 거야. 옆에서 보고 열심히 해 봐."

"선배님, 만들 때마다 조리법이 다른 이유는 뭔가요?"

그에게는 정해진 조리법이 없다. 요리를 맛있게 만들지만 그때그때 다르다. 후배에게 경험을 나눠 주기가 어렵다.

또 한 명의 요리사가 있다. 요리 경력 10년인 그는 자기만의 조리법을 보완해 왔다.

||||||||||||||||||||||||||||||||||||||||||||||||||||||||||||||||||||||||||||||||||||||||||||||||||||||||||||||||||||||||||

"어떻게 하면 선배님처럼 김치를 맛있게 담글 수 있을까요?"

"지역마다 조금 차이가 있어. 지역적 특성을 이해해야 돼. 아래쪽 지방 사람들은 젓갈을 많이 넣은 김치를 좋아해. 중부 지역은 젓갈을 넣지 않는 게 좋아. 깔끔한 맛의 김치를 좋아하거든. 우리 호텔에는 중부 지역 손님이 많으니까 깔끔한 맛의 김치를 연구해 봐. 옆에서 봐줄게."

||||||||||||||||||||||||||||||||||||||||||||||||||||||||||||||||||||||||||||||||||||||||||||||||||||||||||||||||||||||||||

대안이 있는 조언은 누군가에게 도움을 주지만, 대안이 없는 조언은 혼란을 준다. "묻지 않으면 알려 주지 마라." 공자의 말이다. 모든 것에 뛰어난 공자도 묻지 않는 일에 대해서는 함부로 조언하지 않았다.

"하여간 요즘 것들은!" : 나 꼰대라고 시인하는 말

> 모든 세대는 앞서간 세대보다 더 영리하고
> 따라올 세대보다 더 현명하다고 상상한다.
> _ 조지 오웰

꼰대도 젊은 꼰대와 늙은 꼰대가 있다. 꼰대를 구분하는 것은 나이가 아니라 의식이기 때문이다. 늙어도 사고가 유연하면 꼰대가 아니지만, 젊어도 사고가 경직되면 꼰대다.

꼰대의식의 가장 큰 폐해는 상대의 입을 닫게 만든다는 것이다. 상대도 서너 번은 말을 들어주기도 하고 다른 견해를 설득력 있게 말하기도 한다. 어디까지나 서너 번이다. 사람들은 몇 마디만 나눠 봐도 상대가 꼰대인지를 쉽게 알아차린다. 관계에서 거리 두기는 친밀도를 높이지만, 꼰대의식은 진짜 거리를 두게 만든다. 꼰대의식이 팽배한 사람은 사람을 지치게 하기 때문이다.

사람들에게 꼰대로 인식되는 몇 가지 표현이 있다.

첫째, "자식 같아서", "조카 같아서", "동생 같아서"와 같이 나이 의식을 심어 주는 표현이다. 대체로 "너도 내 나이 돼 봐라" 같은 말을 동반한다. 전형적인 늙은 꼰대의 언어다. 대꾸라도 한마디 하면 버르장머리 없는 사람이 된다. 늙은 꼰대는 어지간해서는 자신의 실수나 잘못을 인정하지 않는다. 자기가 하는 모든 일에는 다 이유가 있다.

나이로 들이미는 꼰대의식은 누구도 이겨 낼 재간이 없다. 심지어 한두 살 차이를 가지고도 서열을 세우고, 가르침을 주어야 한다고 생각한다. 관계는 누군가를 가르치거나 가르침을 받아야만 하는 것이 아니다. 그저 만나서 이야기하고 삶을 나누는 상호작용일 뿐이다. 나이가 들어도 틀릴 수 있고, 나이가 어려도 맞는 것이 있다. 너무 일찍 꼰대의 세계에 입문하면 세상에 배울 것이 없어진다. 그것은 곧 관계의 장벽이 된다.

둘째, "내가 해 봐서 아는데", "시키는 대로 하라니까", "이건 이렇게 해야지"와 같은 그릇된 선생 의식이다. 이런 표현을 자주 쓰는 꼰대들은 항상 사람을 가르쳐야 직성이 풀린다. 회사에서 리더가 이런 유형이라면 잘못된 지시에 반론을 제기했다가는 문제가 생기기 쉽다. 앞에서도 언급했지만 카리스마 강한 상사에게 "이것은 잘못됐습니다"라고 말하면 이단아가 된다. "긍정의 힘으로 감당해야지"라는 한마디가 모든 상황을 종결시켜 버리기 때문이다. 사회적으로 문제가 되는 갑질도 이런 그릇된 꼰대의식에서 시작된다. 세상에 잘못된 것을 긍정의 힘으로 감당해야 하는 경우는 없다. 잘못된 것은 잘못된 것이다.

셋째, "요즘 젊은 사람들은", "젊을 때는 고생을 해야 돼", "내가 젊었을 때는 말이야" 같은 이상한 합리화 의식이다. 대체로 "왜 그렇게 불만이 많아?"라는 형태로 변질된다. 어떤 현상이나 일에 의문을 가지거나 질문하는 것은 불만만 많은 부정적 태도가 아니다. 오히려 의문 없는 'YES'가 부정적인 상황을 만든다. 그런 질문을 받아 줄 수 없다면, 자신의 말에 합리성이 없다는 반증이다.

이 세 가지를 모두 합치면 "이게 다 당신을 위해서야"라는 말이 된다. 대체로 꼰대의식을 가진 사람들은 이런 표현을 자주 사용한다. 하지만 그 말을 액면 그대로 받아들이는 사람은 없다. 어떤 형태든 꼰대의 언어는 상대에게 전달되지 않는다. 모든 배움은 갈고 닦으면 지식과 지혜가 늘지만, 꼰대의 언어는 갈고닦으면 몸도 마음도 늙는다. 그리고 상대의 감정을 지치게 한다.

상대에게 꼰대가 되지 않는 방법은 의외로 간단하다. 먼저 상대가 어리다는 이유로 반말하는 습관을 버려야 한다. 친근감의 표현으로 반말을 섞는 경우가 있지만 후배들은 선배의 반말에 친근감을 느끼지 않는다. 오히려 싫어하는 사람이 더 많다. 그리고 화법을 바꿔야 한다. "내가 신입 때는 말이야", "내가 왕년에는 말이야"라는 말을, "내가 뭘 도와주면 될까요?", "혹시 일하는 데 어려움은 없나요?"로 바꾸는 것이 좋다. 그것만으로 늙은 꼰대는 멋진 꼰대가 된다.

"야, 다 모여 봐. 직장인의 네 가지 유형에 대해서 들어 본 적 있나? 똑부, 똑게, 멍부, 멍게라는 말 못 들어 봤어? 똑부는 똑똑하고 부지런한 사람, 똑게는 똑똑하고 게으른 사람, 멍부는 멍청하고 부지런한 사람, 멍게는 멍청하고 게으른 사람을 말하는 거야. 여기서 가장 불필요한 사람이 누군지 아나? 멍부야, 멍부. 멍청하면 차라리 가만있는 게 낫다는 말이지. 웃기지 않냐?"

이 이야기에 아무도 웃지 않았다. 전형적인 '멍부' 리더십을 펼치던 사람이 들려준 말이기 때문이다. 꼰대의식은 때로 이런 웃지 못할 상황을 만들어 낸다. 나이 들고 세상에 찌들다 보면 자칫 방심하는 순간 자신도 모르게 꼰대에 물들 수 있다. 일단 꼰대가 되면 스스로 알아차리기 쉽지 않고, 주변에서도 잘 말해 주지 않는다. 이를 방지하고자 한다면 유연한 생각과 함께 평소 사용하는 언어를 조심해야 한다. 의식적으로라도 꼰대의 언어를 피해야 한다. "나이가 많으니 내 말이 맞는다", "경험 많은 내 말이 옳아"라는 말은 사람을 함정에 빠뜨린다.

후배들을 가르쳐야 좋은 선배가 되는 것은 아니다. 부담감을 내려놓아도 된다. 든든하게 자리를 지켜 주는 것만으로도 선배는 후배들의 산이 된다. 배울 것이 있다면 20년 후배에게도 배울 수 있는 사람이 멋진 거다. 그것이 진정한 꼰대의 권위다.

500킬로그램보다 무거운 5그램의 애매한 말

상처를 느껴 보지 못한 사람은
흉터를 보고 놀려 댄다.
_ 셰익스피어

가까운 사람들끼리 자주 쓰는 말 중에 '겸사겸사'라는 표현이 있다. '하는 김에'라는 말과 유사하다. 이 말은 자신에게 사용하면 효과적일 때가 많다. 여러 번에 걸쳐서 할 일을 한 번으로 줄여 주기도 한다. 그러나 타인에게 사용할 때는 전달되는 의미가 조금 다르다. 사용하는 쪽에는 효율적인 일이지만, 상대에게는 불편함이 된다. 불편하다고 하기에는 무게감조차 없다. 이 표현이 주는 무게감은 고작 5그램이다. 나무 막대를 제외한 솜사탕의 무게다. 솜사탕을 들고 무겁다고 하는 사람을 만나기는 어렵다. 그러나 솜사탕에도 엄연히 무게가 있다.

사람을 불편하게 만드는 행동은 두 가지로 나눌 수 있다. 하나는 불편함이 즉시 느껴지게 하는 행동이고, 다른 하나는 시간이 지나면서 불편함이 느껴진다. 전자는 무게감이 있어서 행동한 사람도 상대도 느끼기 쉽다. 문제에 대한 인식도 빠르고 사과도 빠르다. 싫다는 표현도 즉시 할 수 있다. 따라서 무게감은 있지만 감정 소모는 작다.

문제는 두 번째 경우다. 이때는 행동을 하는 사람도 상대도 불편함을 느끼기 어렵다. 무게감이 없어서다. 중량감은 없지만 불편하다. 한쪽은 불편함을 주었지만 미안하다고 할 정도는 아니고, 상대도 싫다고 말하기에는 조금 구차해 보인다.

무엇보다 이런 불편함은 양쪽 모두 인지가 어렵고, 이는 종종 전혀 논리적이지 않은 상황을 낳는다. 예를 들어 부부싸움이 꽤 크게 벌어졌는데, "오늘따라 음식이 왜 이렇게 맛이 없어?", "왜 퇴근이 이렇게 늦어?" 같은 사소한 이유라면 그것이 싸움의 본질이 아닐 가능성이 농후하다. 우리는 때로 대수롭지 않은 실수에 상대가 과한 반응을 보여 당황한다. 이런 경우는 상대에게 쌓인 5그램의 무게가 폭발한 것으로 보면 된다. 이 무게는 평소에는 문제가 없지만 일정한 무게에 이르면 한 번씩 폭발한다. 발화점은 사람마다 다르지만 폭발력은 작지 않다. 감정 소모도 크다.

5그램의 무게가 상대를 짓누르면 언제고 터진다. 그 시점을 알면 주의하면 되지만, 타이밍을 알기가 어렵다. 사소한 것이 쌓이고 쌓여서 무게감을 만들기 때문이다. 게다가 사람과 사람 사이에 원인 없이 발생하는 분쟁은 없다지만, 이 5그램의 무게에는 특이

한 아이러니가 있다. 나로 인해 쌓인 감정이 아니어도 나에게 폭발할 수 있다는 점이다. 뭐, 때로 억울할 수도 있겠지만 내가 얹은 5그램이 전혀 없다고 자신할 사람이 있을까? 중요한 것은, 이 알아차리기 어려운 불편함을 평소 상대에게 주지 않도록 노력하는 일이다.

"여보, 치우는 김에 이것도 좀 치워 줄래?"
"빨래 개는 김에 청소기도 좀 돌려 줘."
"설거지하는 김에 분리수거도 좀 해 줘."
"분리수거 가는 길에 음식물 쓰레기도 좀 버려 줘."

이런 요구들을 뭉뚱그려서 말하는 것은 효과적이지 않다. 이왕 부탁하거나 시키려면 "여보, 오늘 나 좀 도와줘. 청소기 돌리고, 분리수거하고, 음식물 쓰레기 좀 버려 줘. 나는 당신을 위해 맛있는 요리를 준비할게"라고 표현하는 편이 훨씬 효과적이다. 이때 남편이 생색내고 싶어서 "여보, 내가 도와주니까 좋지?"라고 말하는 데 대고 "다른 집 남편들은 더 많이 도와줘"라고 했다가는, 용케 피한 5그램의 불편함이 즉시 적립된다.

직장에서도 뭉뚱그리는 표현들이 많이 쓰인다.

부탁하는 사람 입장에서는 '이거 하나'지만 상대 입장에서는 세 가지가 되고 네 가지가 된다. 분명 뭔가를 하기는 했지만 일을 한 것은 아니다. 상대를 위해 시간을 보냈지만, 인정받을 수 없는 시간이다. 이것은 5그램의 무게가 주는 불합리한 시간이다. 여전히 '이 정도는 부탁할 수 있는 거 아닌가?'라는 생각이 든다면, 이제는 당신이 변해야 할 때다. 분명 이런 일들이 별것 아닌 것은 맞다. 그러나 가볍게 생각하는 5그램의 무게는 금세 누적되고 무거워진다. 반면 5그램의 무게를 덜어 주는 표현이 있다. "나 커피 가지러 가는데 가는 김에 가져다줄까?" 같은 말이다.

'하는 김에', '겸사겸사'와 같은 말은 보통 상대에 대한 부탁의 표현으로 쓰인다. 그러나 이 말의 실체는 부탁이 아닌 지시다. 이 별것 아닌 표현이 반복되고 쌓일 때 영향을 받지 않는 사람은 없다. 상대가 느끼는 불편함의 무게는 가볍지만 관계에 주는 영향은 적지 않다. 속 좁은 사람으로 비칠까 봐 표현하지 않거나 말하지 않을 뿐이다. 스스로 할 수 있는 일이라면 되도록 자기가 직접 하고, 상대에게 지시해야 하는 일이라면 그냥 정확하게 말하자. 겸사겸사 하는 일보다는 정식적인 지시나 부탁으로 하는 일이 감정적인 불편함도 없고 성취감도 느낄 수 있는 법이다.

이왕 할 질투라면
약이 되는 질투를 해라

누구라도 친구의 아픔을 함께할 수 있다.
하지만 친구의 성공을 함께할 수 있으려면
아주 좋은 품성을 지니고 있어야 한다.
_ 오스카 와일드

누구나 다른 사람을 부러워하고 질투를 한다. 관습적으로 질투는 나쁜 것이라 배우지만 자연스러운 일이다. 특정 분야에서 뛰어난 사람들일수록 질투가 많다. 자신의 분야에서 자기보다 뛰어나거나 주목받는 사람이 생기면 부러움과 질투를 느낀다. 과학계, 체육계, 연예계, 직장 어느 곳이나 마찬가지다. 겉으로 아닌 척하지만 사람들은 대부분 비슷하다. 질투에 대해 논란이 많은 것은 그만큼 많은 사람이 질투를 느낀다는 방증이기도 하다.

"1년 안에 내 이름이 굵게 박힌 책 한 권을 출간하겠습니다."

"와~ 응원합니다."

"홍 팀장, 자네는 할 수 있어."

"좋은 내용으로 잘 써 봐."

"응원해!"

홍 팀장은 동료들 앞에서 발표한 자신과의 약속을 지켰다. 1년이 지나고 자기계발서 작가로 데뷔했다. 직장인이자 작가가 된 것이다. 홍 팀장이 글을 쓰려고 마음먹은 것은 회사에서 받은 리더십 교육의 영향이다. 교육 과정에서 동기 부여를 했고, 다른 리더들과 함께 1년 후의 목표를 발표했다. 그것을 행동으로 옮겼다. 글을 쓰기 위해 좋아하는 술자리를 포기했고 잠을 줄였다. 가족에게 양해를 구해 주말까지 포기한 채 글을 썼다. 정말 미친 실행력이다. 출간 이후, 홍 팀장에게 어떤 일이 생겼을까?

"오, 축하해. 근데 일이 없나 봐?"

"요새 편한가 봐?"

"지가 뭐라고 글을 써."

"요새는 개나 소나 글 쓴다고 난리야."

첫 책을 출간하고 홍 작가가 직간접적으로 동료들에게 들은 이야기들이다. "오, 멋진데", "역시 홍 팀장이야"는 아니더라도 "잘했어", "수고했어" 같은 격려의 말을 기대했던 그는 많이 당황했다. 동료들의 힐난을 전혀 예상하지 못했기 때문이다. 진심으로 축하해 준 후배들은 있었지만, 자신과 경쟁 관계에 있던 동료들과 상사들에게는 힐난에 가까운 공격을 당했다.

홍 작가는 이후에도 몇 권의 책을 출간했다. 다만 소문내지 않고 조용히 썼다. 조용하고 강한 실행력을 발휘한 것이다. 홍 작가가 말했다. "상대의 질투를 자극하는 것은 적을 만드는 일이야." 이제는 사람들이 그와 가까워지려고 노력한다. 그에게 유명세가 생겼기 때문이다. 그것이 사람의 본능이다.

일본 교토 대학 의학대학원 다카하시 히데히코高橋英彦 교수의 연구팀은 샤덴프로이데Schadenfreude(타인의 불행에서 느끼는 기쁨)가 생기는 동안 사람의 뇌가 어떤 반응을 보이는지에 대한 실험을 했다. 그 결과는 2009년 과학 저널 《사이언스Science》지에 발표되었고 큰 반향을 일으켰다. 연구팀은 실험 참가자들에게 가상의 시나리오를 주고 자신을 주인공으로 생각하며 읽어 보게 했다. 주인공의 주변 인물은 친구 혹은 능력이나 경제력, 사회적 지위가 비슷하다는 설정이었다.

실험이 진행되고 fMRI(기능성 자기공명 영상) 장치를 통해 참가자의 뇌를 촬영하고 분석한 결과, 참가자들의 뇌는 경쟁자로 느껴지는 상대에게 불행한 상황이 전개될 때 기쁨을 느꼈다. 반대로 자기

분야에서 두각을 나타내는 친구의 이야기에 뇌가 강하게 반응하고 질투를 느꼈다. 이때 나타난 뇌의 반응은 고통이었다. 반면 자신과 연관성이 떨어지거나 중요하게 생각하지 않는 분야에 대해서는 뇌가 반응하지 않았다. 이후 미국에서도 비슷한 결과가 도출된 연구가 있었다.

우리나라 속담에도 "사촌이 땅을 사면 배가 아프다"라는 말이 있다. 근거가 불명확한 말이 아니다. 실험보다 강한 경험에서 나온 말이기 때문이다.

자신뿐 아니라 모두가 가진 단점이라 해도, 사람의 부정적인 면을 들춰내는 일은 항상 부담스럽다. 그러나 분명한 것은 사람을 알아야 실수하지 않는다는 사실이다. 질투에도 긍정적 사용법이 있다. 자신의 목표에 대한 동기 부여로 사용하는 것이다. 적당한 질투는 개인의 목표를 달성하는 일에 도움이 된다. 다만 과도한 질투는 관계를 망가뜨리고 스스로 상실감을 느끼게 하므로 주의가 필요하다.

자신에게든 타인에게든 상대적 박탈감을 주는 행동은 관계에 독이 된다. 그것이 질투의 양면성이다. 사람들은 자신의 비교 대상에게 그다지 호의적이지 않다. 반면 자신보다 조금 부족해 보이는 사람에게 유하다. 어느 곳에서든 좋은 관계를 위해서는 '알아도 모른 척', '있어도 없는 척'의 지혜로움이 필요하다. 그것은 상대에 대한 존중이기도 하다.

시기의 대상이 되면 때때로 불필요한 문제에 발목을 잡힌다. 질투심을 유발시키는 것은 곧 '적'을 만드는 일이다. 경쟁 관계에서 상대적 하수들은 시끌벅적하지만, 고수들은 조용한 실행력으로 상대를 제압한다. 상대를 자극하지 않으면 상대도 나를 경계하지 않는다.

비록 나의 뇌가 의지를 역행할지라도, 타인의 성공을 내 일처럼 기뻐해 주는 자세는 언제나 바람직하다. '주변에 성공한 사람이 많을수록 성공이 가깝다'는 것은 불변의 법칙이기 때문이다. 이렇게 나의 질투심을 다스리고 아울러 타인의 질투심을 자극하지 않는 것은 관계의 거리를 지키는 일이기도 하다. "내가 사람들에게 오래 사랑받은 이유는 잘나갈 때도 아는 척하지 않았기 때문입니다." 미국 CNN 최장수 토크쇼 진행자 래리 킹의 말이다.

적 당 한
거리 두기
T I P

신뢰를 주는 표현 vs 불신을 주는 표현

신뢰를 주는 표현	불신을 주는 표현
"내가 책임질게. 소신을 갖고 해 봐!"	"당신이 알아서 해"
"이렇게 하면 더 좋을 것 같다"	"야, 누가 그렇게 하라고 했어?"
"너는 잘할 수 있어"	"네가 뭘 안다고 나서?"
"나 좀 도와줄래?"	"이게 다 당신을 위해서야"
"나도 어려운 일이야, 하지만!"	"이것도 제대로 못하나? 다시 해!"
"잘못은 잘못이야"	"좋은 게 좋은 거야"
"같이 한번 해 보자"	"우리가 남이야?"
"나도 잘 모르지만, 내 생각은……"	"너도 내 나이 돼 봐"
"내가 하는 김에 같이 해 줄까?"	"하는 김에 이것도 좀 해"
"한번 해 보겠습니다"	"이건 내 일이 아닙니다"

CHAPTER
5

관계의 기적은
'우리'를 인정할 때 나온다

저마다 인생이 있듯 저마다의 거리 두기가 있다

나는 신발이 없음을 한탄했는데
길에서 발이 없는 사람을 만났다.
_ 데일 카네기

사람들에게는 저마다의 인생 스토리가 있다. 평범해 보이는 사람도 속을 들여다보면 까맣게 그을린 상처 하나쯤은 가지고 있다. 웃어야 행복해진다 하니 웃으려 노력하고, 긍정의 힘을 믿어야 인생이 달라진다 하니 힘들어도 긍정적으로 살려고 노력한다. 돈이 전부가 아니라 하니 가진 것 없어도 애써 다른 데서 행복을 찾는다. 그러나 이상은 현실과 많이 다르다.

이상과 현실의 괴리를 경험으로 쌓아 가고 점점 나이 들어 가면서, 문득 돌아보면 어느새 우리는 타인을 쉽게 판단하고 함부로 말을 내뱉는 사람이 되어 있다. 자기 기준으로 사람을 재단하고 자기 기준으로 타인의 인생을 너무도 쉽게 결론 내린다. 상대가 살아온 환경이나 상황을 전혀 고려하지 않은 채. 그렇게 우리는 타인에게 상처를 주고 또 상처를 받는다.

짧은 인생에서 만난 사람들 중에는 남부러울 것 없는 사람이 꽤 있다. 부모를 잘 만나 금수저인 사람도 있고, 흙수저로 태어났지만 자수성가해서 성공한 사람도 있다. 돈이 아니어도 소소한 꿈을 이루고 행복하게 사는 사람도 있다. 한데 누가 봐도 행복해 보이는 그들의 깊은 곳에 꺼내기 싫은 상처 하나쯤은 꼭 있었다. 그들에게 가까이 가 보니 비로소 그 모습이 보였다. 그들이 말했다. 자기 이야기를 책으로 엮는다면 한 트럭은 나올 거라고. 사람은 그리 많이 다르지 않다. 나 역시 그렇다. 누구도 함부로 상처 주고 상처받아도 괜찮은 사람은 없다.

성공한 사람은 자신의 성공을 멋지게 포장하기에 바쁘고, 실패한 사람은 살기 위해 버둥거리고, 누군가는 재기를 위해 목숨을 건다. 우리는 그렇게 주변을 돌아볼 여유조차 가지지 못한 채 바쁘게 살아간다. 서로의 꿈이 다르고 목표가 다르지만, 성공한 당신도, 살기 위해 발버둥치는 당신도, 우리는 그렇게 버둥대며 살아간다. 또 우리는 안다. 성공하는 데는 노력이 아주 중요하지만, '운'의 역할 또한 크다는 사실을. 다만 성공한 사람의 말은 귀담아들어 주는 사람이 있고, 실패한 사람의 말은 들어주는 이가 없을 뿐이라는 사실을 말이다.

그럼에도 우리는 함께 버둥대며 살아가는 타인을 자신과 대등하게 바라보지 못한다. 도전을 한 번도 해 보지 않은 사람은 도전을 쉽게 말하고, 책을 한 번도 써 보지 않은 사람은 글 쓰는 일을 쉽게 말하고, 성공해 보지 않은 사람은 성공을 쉽게 말하고, 실패해 보지 않은 사람은 실패를 쉽게 말한다.

의도하고 그러는 사람은 없다. 사람에게는 은연중에 타인을 낮춤으로써 자신을 돋보이려 하는 본능적인 습성이 있을 뿐이다. 하지만 진짜 멋진 사람은 타인을 높여 주면서, 타인의 자존감을 지켜 주면서, 타인에게 상처 주지 않으면서 돋보이는 사람이다. 진짜 어려운 상황에 처해 보지 않은 사람은, 인생의 낭떠러지에서 위태로운 사람의 인생을 알 수 없다. 입장을 바꿔 생각하는 데도 한계가 있다.

이럴 때는 그저 격려해 주고 들어주는 것으로 충분하다. 때로 우리는 너무 복잡하게 표현한다. 밥 한 끼를 먹지 못하면 곧 죽을 사람에게는 낚시하는 방법이 의미가 없다. "요즘 밥 못 먹고 사는 사람이 어디 있냐?"라고 말할 게 아니라, 그냥 밥 한 끼를 사라. 죽지 않고 살아야 낚시도 할 수 있는 거니까.

관계의 중심은 '나'이지만, 관계의 속성은 '우리'다. 나의 상처와 조바심과 불안을 감추기 위해 상대를 깎아내리거나, 결국 나와 똑같은 상대의 상처와 조바심과 불안을 외면하는 관계는 외롭다. 나와 상대의 삶이 다르지 않음을, 함께 헤매며 살아가는 사람임을 마음속 깊은 곳에서 인정하면 관계는 우리 삶에 편안한 위로가 되어 준다.

나는 오늘이란 시간을 처음 살아 본다. 선배 세대들이 이야기한 것과 너무 다르다. 나에게 가르침을 준 사람들조차도 헤매고 있다. 아직도 이 시간이 어색한 나를, 그리고 당신을 응원하고 위로한다. 우리는 모두 각자의 자리에서 고군분투하며 충분히 최선을 다해 살고 있기 때문이다. 다만 운이 따르지 않았을 뿐. 당신의 삶에도 나의 삶에도 "수고했어! 잘하고 있어!"라고 말해 주고 싶다.

이상한 역지사지 vs 합리적인 역사사지

다른 사람의 처지를 생각할 줄 모르는 생각의 무능은
말하기의 무능, 행동의 무능을 낳는다.
_ 해나 아렌트

'역지사지易地思之'는 상대의 입장에서 생각해 본다는 뜻이다. 인디언 속담에도 "그 사람의 신발을 신고 1마일을 걸어 보기 전에는 그 사람을 비판하거나 흉보지 말라"라는 말이 있다. 인간관계에서 상대의 입장을 생각해야 한다는 데는 동서양의 생각이 다르지 않은 것 같다.

역지사지가 좋은 관계를 만드는 데 도움이 된다는 것은 두말하면 잔소리다. 상대를 이해하면 배려하게 되고, 관계의 실수를 줄일 수 있다. 사람들은 역지사지의 정신을 갖고 있으면 일도 인간관계도 술술 풀린다고 말한다. 하지만 이 좋은 약을 왜곡해서 사용하는 사람들이 있다.

역지사지는 기본적으로 처지를 바꾸어 생각함으로써 상대의 상황을 이해하는, 마음의 언어다. 한데 이 말을 '내가 할 수 있으니까 당신한테 시키는 거야' 같은 식으로 바꿔 생각한다면 이것도 역지사지라 할 수 있을까?

"내가 좋아하는 것을 다른 사람도 좋아한다. 내가 싫어하는 것은 다른 사람도 싫어한다"라는 말을 자주 듣는다. 이런 말을 자주 하는 사람들은 이를 '내가 다른 사람을 이해하고, 배려하고 있다. 역지사지하고 있다'는 의미로 사용한다. 하지만 이 말은 앞뒤가 맞지 않는다. 어떻게 내 생각이 곧 다른 모두의 생각일 수 있겠는가? 이 문장은 사용하는 사람에게는 극도의 편안함을 준다. 타인을 위해서가 아닌 나를 위한 자기합리화의 역지사지이기 때문이다. 당연히 상대에게 이 말은 '그의, 그에 의한, 그를 위한' 자기합리화로 비치게 된다. 올바른 역지사지가 "내가 당신이라면 할 수 있을까?"의 배려라면, 자기합리화의 역지사지는 "당신도 나처럼 해야 돼"라는 억지다. 내 관점, 내 정답을 기준으로 삼기 때문에 상대의 입장을 고려할 수 없게 된다.

나에게는 일란성 쌍둥이인 두 아이가 있다. 한날한시에 태어났고 외모도 비슷하다. 분명 같은 부모가 같은 가정환경에서 키웠지만 입맛도 성격도 생각하는 것도 전혀 다르다. 사람은 그렇게 다른 존재들이다. "내가 좋아하는 것을 다른 사람도 좋아한다. 내가 싫어하는 것은 다른 사람도 싫어한다"라는 말이 역지사지가 될 수 없는 까닭은 타인이 철저하게 배제되어 있기 때문이다.

상대를 생각한다고 해서 내 생각을 완전히 뺄 필요는 없다. 입장 바꿔서 생각한다 해도 온전히 상대를 이해하는 것은 불가능하다. 나는 생각으로 그 사람을 이해하지만, 상대에게는 그것이 현실이기 때문이다. 생각한다고 입장이 바뀌지도 않는다. 그렇지만 상대의 환경, 능력, 상황을 이해하려 조금만 노력해도 충분히 약이 되는 역지사지를 할 수 있다. 내 생각을 가지되, '내 생각이 정답이다'는 전제를 빼면 그만큼 오해와 갈등을 줄일 수 있다.

첫째 아이가 세 살 때 쌍둥이가 태어났다. 도우미를 고용했음에도 아내 혼자 감당하기는 쉬운 상황이 아니었다. 내가 아내였다면 우울증에 걸리지 않았을까? 항상 퇴근 시간이 지나서야 버릇처럼 회의를 소집하는 상사에게 면담을 요청했다.

|||||||||||||||||||||||||||||||||||||||||||||||||||||||||||||||||||||||||||||||||||||||||||||||||||||||||||||||||||||||||||||||||||||||||||||||||||||||

"죄송합니다. 당분간은 쌍둥이 돌보는 일을 도와야 할 것 같습니다. 회의 시간을 조금만 당겨 주시면 안 되겠습니까? 빠른 시간 내에 방법을 찾아보겠습니다."

"이런 XX, 누구는 애 안 키워 봤나? 회사가 먼저야, 개인사가 먼저야?"

|||||||||||||||||||||||||||||||||||||||||||||||||||||||||||||||||||||||||||||||||||||||||||||||||||||||||||||||||||||||||||||||||||||||||||||||||||||||

"누구는 ~안 해 봤나?"도 왜곡된 역지사지의 대표적인 예다. 자기가 해 봤으니 더 잘 이해하지는 못할망정 너도 고생해 봐라는 식의 표현은 전형적인 꼰대의 언어이기도 하다. 이렇게 말하는 상사 앞에서 나는 어떤 심정이었을 것 같은가? 누구나 이런 상황이

되면 있던 열정도 사라진다.

또 다른 사례를 보자. 2017년, 리투아니아 프로 농구 리그의 '잘기리스' 팀은 준결승 2차전에서 3점 차로 아쉽게 패했다. 분석가들은 주력인 리마 선수가 출전하지 않은 것이 패배의 주요 요인이라 평가했다. 리마는 출산을 앞둔 아내의 곁을 지키기 위해 경기 출전을 포기했다. 경기가 끝난 후 인터뷰 자리에서 한 기자가 감독에게 물었다.

"리마 선수가 아내의 출산 때문에 결장한 것을 어떻게 생각하세요?"

"내가 다녀오라고 했습니다."

"중요한 플레이오프 시리즈 중에 선수가 팀을 떠나는 것이 정상인가요?"

"그렇게 말하는 당신은 아이가 있습니까? 당신도 아이를 갖게 되면 이해할 겁니다. 자기 아이가 태어난다는 것은 인간이 경험할 수 있는 최고의 순간이기 때문입니다."

계속해서 감독은 "우리 인생에서 농구가 가장 중요한가요?"라는 질문을 던진 뒤, "내 아이의 탄생만큼 경이로운 일은 없습니다"라고 거듭 말했다. 리마 선수는 감독의 배려로 아내의 곁에서 갓 태어난 아이를 품에 안을 수 있었고, 팀에 돌아와 맹활약을 했다. 잘기리스 팀은 남은 준결승 경기를 모두 승리했고, 결승에 진출했다. 결승전에서도 리마 선수의 맹활약으로 우승을 차지했다.

이런 배려를 받게 되면 사람은 없던 힘도 생긴다. 나쁜 역지사지는 사람을 병들게 만들지만, 좋은 역지사지는 젖 먹던 힘까지 쥐어짜게 만드는 힘이 있다.

내가 틀릴 수 있다고 인정할 때
틀어진 관계도 회복된다

가장 큰 잘못은
아무 잘못도 인식하지 못하는 것이다.
_ 토머스 칼라일

사람들은 자기합리화에 대해 조금 비판적인 시각을 가지고 있
다. 자기합리화는 지나치게 개인적이며 객관성이 부족하기 때문
에 문제가 된다고 말한다. 하지만 대부분의 사람은 그런 일들을
종종 또는 자주 행하고 있다. 자기합리화는 인간의 본성이기 때문
에 이겨 내기가 쉽지 않다. 20세기 초 오스트리아의 정신의학자
알프레드 아들러는 자기합리화란 심리적인 부담감을 없애고 일관
성을 유지하려는 인간의 본성 때문에 일어난다고 말했다. 사람들
은 자신의 행동이나 태도, 신념에서 모순을 알게 될 때 심리적인
불편함을 느낀다. 그러면 그 불편함을 줄이기 위해 상황에 맞춰
자신의 믿음이나 태도를 바꿈으로써 자기합리화를 꾀한다.

"친구야, 나랑 같이 어디 좀 갈래?"

"갑자기 어디를?"

"나한테 종교가 생겼는데, 너랑 같이 가고 싶다."

"미안해. 나는 이미 종교가 있어."

"친구야, 네가 믿는 종교는 가짜 종교야. 이 종교를 믿지 않으면, 네 인생에 문제가 생겨."

"응, 괜찮아."

오래전에 친한 친구가 나에게 자신의 종교를 집요하게 강요했다. 나의 종교에 대한 비판도 있었다. 물론 거부했다. 친구를 존중했지만, 친구가 정상적으로 보이지는 않았다. 그 과정에서 친구 본인도 자신의 종교에 대한 의구심을 말한 적이 있다. 다른 것은 다 이해가 가는데 가진 재산을 모두 바치라고 강요한다는 것이다. 그것이 복을 받는 비결이라고 했다. 결국 친구는 집안 재산의 대부분을 가져다 바쳤다. 당시 친구네 집은 과천에서 농사를 짓고 있었다. 그 금싸라기 땅을 통째로 넘긴 것이다. 친구는 부모님과도 인연을 끊었다. 자기 행동에 문제가 있다고 생각했지만, 결국 그 종교에 빠져들었고 지금까지도 심취해 있다.

오랜 시간이 지나고 친구와 다시 만날 기회가 있었다. 그런데 의구심을 느끼던 당시와는 많이 달라져 있었다. 자신의 행동은 아주 옳은 행동이었다고 주장했다. 나에게도 다시 자신의 종교를 강요했다.

사람은 실수를 해도 인정하기보다 틀리지 않는다는 이유를 먼저 찾는 경우가 의외로 많다. 이를 인지 부조화라고 하는데, 스스로 자신에게서 모순을 느낀 경우 잘못을 고치려는 노력 대신 '내 행동이 맞는다'를 증명하기 위해 논리를 만들어 가는 것이다. 이때 객관성을 부여하기 위해 나름의 통계를 이용하기도 한다. 그러나 그마저도 자의적 해석과 취사선택을 통해 내용을 왜곡해 버린다. 통계는 원래 정확성이 높은 자료지만 취사선택을 하면 전혀 다른 내용으로 변한다. 자기합리화가 일단 시작되면 헤어나기가 쉽지 않다. 사람은 누구나 오류를 범한다. 타인처럼 나에게도 오류가 있다는 사실을 직시해야 한다.

"기동아, 나 믿지?"

"그럼요."

"나랑 같이 사업하자. ○○○ 사업인데, 아주 좋은 아이템이야."

"저는 생각이 없습니다."

"야, 내가 널 아끼기 때문에 얘기하는 거야. 같이 한번 성공해 보자. 이런 아이템을 갖고도 실패하면, 병신이야. 이런 좋은 사업을 알려 주는데 안 하면 너도 병신이다."

결국 동업을 시작한 선배와 기동이는 얼마 안 가 사업을 접어야 했다. 기동이도 선배도 그렇게 병신이 되어 버렸다. 기동이는 내가 아끼는 후배고, 선배는 한 분야에서 입지전적인 업적을 가진 인물이다. 조금 과격한 사람이지만 판단력이 좋았고, 밀어붙이는 힘도 좋았다. 그러나 그는 좋았던 이미지를 일거에 잃어버렸다. 한데 얼마 지나지 않아 선배는 더 좋은 아이템을 찾았다고 했다. 그리고 그걸 함께 나누기 위해 여전히 주변 사람들을 찾아다니고 있다. 그러나 주변 사람들은 오래전부터 그를 피하거나 관계를 끊어 버렸다. 자기 확신을 가지는 것은 좋은 일이다. 하지만 객관성을 잃어버리고 자기합리화의 늪에 빠지면 관계에 부담이 된다.

관계에서 가장 큰 걸림돌은 개인이 가진 절대적인 기준이다. 사실 이 기준은 틀릴 때가 많다. 그리고 '사람은 누구나 다른 존재'라는 사실을 잊게 만든다. 사람마다 주관이 다르고, 관점이 다르고, 선택이 다르다는 사실을 이해해야 한다. 그래야 내가 틀릴 수 있다는 것도 인정할 수 있다. 이를 위해서는 적지 않은 용기가 필요하지만, 그 용기가 곧 타인에 대한 배려가 된다.

사람에게 부착된 센서들은 민감하고 오류가 매우 많다. 분명한 소신이나 인생관은 있어야 하지만, 그것은 자신에 한정해서 사용되어야 한다. 자기 생각으로 상대를 재단해 버리면 상대에게 거부감을 주고 상대를 밀어내 버린다.

나는 틀릴 수 있다. 이 사실을 인정하면 나도 편하고 상대도 편하다.

'요즘 것'들의 힘,
'꼰대'들의 지혜

젊음은 알지 못한 것을 탄식하고
나이는 하지 못한 것을 탄식한다.
_ 앙리 에스티엔

"요즘 것들은 문제가 많아. 일단 정신 상태가 글러먹었어. 시키면 시키는 대로
하지, 말이 너무 많아. 회사에서 일 좀 시켰더니 아주 지랄을 해, 지랄을. 우리 때
는 까라면 깠는데 말이야. 세상이 어떻게 되려고 이러는지, 원."
"맞아. 요즘 애들은 감당이 안 돼."

강의하러 가는 길, 옆자리에서 듣게 된 꼰대의 언어다. 사실 이
런 말은 주변에서 흔히 듣는 이야기다. 진짜로 요즘 젊은 세대에
게 문제가 있는 것일까? 나이가 들었다고 모두 꼰대가 되는 것은

아니다. 반대로 나이가 젊다고 무조건 생각이 젊지도 않다. 다음은 26년째 이어 오는 군대 동기 모임에서 부대를 방문했을 때 나온 말들이다.

"와, 포항 많이 달라졌네. 우리 때 있던 군대 건물이 하나도 없다."
"이 정도면 호텔이다, 호텔. 밥 봐라. 이게 군대 밥이냐? 사제 밥이지."
"그러니까 군인들이 기합이 빠지지. 선배를 보면 인사를 할 줄 아나, 군인다운 모습이 있나. 군 생활도 짧아, 생활도 편해, 구타도 없어. 이게 군대냐?"
"역시 군대는 힘들게 굴려야 돼. 필요하면 구타도 해야지."

듣고 있던 다른 동기가 말했다.

"군 생활은 길어야 하고, 생활은 어려워야 하고, 군인은 맞아야 한다, 그게 정상은 아니잖아? 네 경험을 보편타당한 가치로 말하는 건 모순이 아닐까? 잘못된 건 바뀌는 게 정상이지."

세대가 다르면 살아오고 살아가는 환경이 다르고, 그 과정에서 생긴 가치관도 당연히 다르다. 선배들은 후배를 보면서 "살기가 편하니까 정신 상태가 나약해"라고 말하지만 그것은 모순이다. 그렇게 따지자면, 그 선배의 선배 세대로 계속 거슬러 올라가면 '살기 편하지 않고 정신 상태가 나약하지 않은' 세대는 아무도 없는 것 아닌가? 그때와 지금의 힘든 정도가 다를 뿐, 젊은 세대의 고민은 다르지 않다. 군 생활이 짧아졌다고 해서 그들의 군 생활이 편해졌다고 생각해서는 안 된다. 나에 비해 편해진 것이지 그들에게 과거는 비교 대상으로 와 닿지 않는다.

"내가 힘들었으니까 당신도 같은 경험을 해야 돼"라는 것은 설득력을 가질 수 없다. 그들도 우리처럼 미래를 고민한다. 직장을 예로 들어 보자. 과거에는 현재에 비해 불합리함이 더 많았다. 불합리함은 대적하는 것이 아니라 견뎌야 하는 대상이었다. 지금은 많은 것이 다르다. 과거에는 불합리함을 보고도 눈을 감았지만 지금 세대는 그렇지 않다. 의문이 생기는 것은 묻고 할 말은 하는 사람이 많다. 그것이 나쁜 일일까? 후배들에게도 배울 점이 많다. 그들을 똑바로 바라봐야 그들에 대한 관계의 거리를 지킬 수 있다.

곱씹어 보면 그들이 사는 세상은 내가 지나온 시간의 축적물이다. 그들을 가르치고 키운 것도 선배 세대다. 그들에게 문제가 있다면, 선배 세대에게도 분명 같은 문제가 있는 것이다. 우리는 후배 세대의 거울이기 때문이다.

후배도 선배 세대에 대한 거리를 존중하면 보이는 것이 있다. 그들에게는 지식보다 강한 경험이 있다. 만약 스펙만으로 경쟁해야 한다면 선배는 후배를 이기기 힘들다. 그러나 사람의 경험은 스펙으로 견줄 수 있는 것이 아니다. 경험에는 돈 주고 살 수 없는 지혜가 담겨 있다. 사람들이 책을 읽는 것도 같은 이유다. 책을 읽지 않는 시대라지만 성공한 사람들은 여전히 책을 많이 읽는다. 그중에도 고전을 읽고 또 읽는다. 먼저 살다 간 선배들의 경험에 인생에서 배워야 할 모든 지혜가 담겨 있기 때문이다.

세상에 경험보다 큰 지혜는 없다. 지혜로운 사람은 대체로 타인의 경험에서 배운다. 20대는 선배 세대의 말을 귀담아듣지 않지만, 30대가 되고 40대를 넘어가면 오히려 귀를 열게 된다. 나이를 먹을수록 선배들의 경험이 맞는다는 것을 느끼기 때문이다. 물론 시간만 보낸다고 어른이 되지는 않는다. 그러나 꼰대는 그냥 만들어지는 것이 아니다. 후배들이 선배 세대를 욕하다가도 일정 부분 답습하는 것은 경험하지 않으면 모르는 것이 있기 때문이다.

'꼰대' 들에게 필요한 생각

세상에 공짜는 없지만, 나이 드는 것은 공짜다. 나이가 들었다고 해서 모두 어른이 되고 지혜가 생기는 것은 아니다. 후배에게도 배울 것은 배워야 한다. 창피한 일이 아니다.

'요즘 것' 들에게 필요한 생각

나이는 그냥 들어 가는 것이 아니다. 그 세월 속에는 무수한 경험과 지혜가 담겨 있다. 그것은 돈 주고 살 수 없다. 성공하는 방법을 배우는 것보다 이로운 지혜는, 실패를 피하는 방법을 배우는 것이다. 꼰대에게는 그런 지혜가 있다.

해병대에는 "1기 이후는 모두 기합이 빠졌다"라는 전설적인 말이 있다. 1기 선배의 입장에서는 2기든 200기든 1,000기든 기합이 빠져 보이기 때문이다. 제아무리 날고 기는 사람도 선배의 나이는 따라잡을 수 없다. "요즘 것들이 뭘 알아?"라는 꼰대의식을 삭제하지 않으면, 죽기 전까지는 자신이 절대 강자다.

서른에 스무 살을 대하는 마음과, 마흔에 서른 살을 대하는 자세는 달라야 한다. 그래야 요즘 것들의 힘과 꼰대들의 지혜가 합쳐질 수 있다.

핑퐁의 법칙,
내 관계를 부탁해

나에게서 나온 것은
나에게로 돌아온다.
_ 맹자

"안녕하세요?"

"……."

"이거 주세요."

"……."

"안녕히 계세요."

"……."

작업실 옆에 있는 편의점에 들렀을 때, 나에 대한 점원의 응대다. "안녕하세요?" 하고 먼저 인사를 했지만 화답조차 없다. 잔돈을 거슬러 줄 때는 한 손으로 준다. 이럴 때는 어쩔 수 없이 나도 꼰대가 된다. 기분이 유쾌하지 않기 때문이다. 그 친구와의 나이 차는 적어도 스무 살 이상이다. 그렇다면 내가 기분 나쁜 것이 점원과의 나이 차이 때문일까? 그렇지는 않다. 아마 나이가 나보다 많았더라도 마찬가지 기분이었을 것이다. 같은 응대를 두세 번 받았을 때, 나 역시 그에게 같은 행동을 했다. 그리고 그 편의점에 발길을 끊었다.

'작용 반작용의 법칙'은 뉴턴이 발표한 세 가지 운동 법칙 중 마지막 법칙이다. 어떤 물체에 운동량이 생기면, 반대 방향에도 똑같은 크기의 운동량이 생긴다는 이론이다. 그런데 물리 세계에 대한 이 법칙은 관계에도 분명하게 적용된다. 일반적인 경우 상대는 내 행동에 의해 반응을 한다. 내가 기분 나쁜 말을 하면 상대도 기분이 나쁘고, 내가 기분 좋은 말을 전달하면 상대의 기분도 좋다. "가는 말이 고와야 오는 말이 곱다"라는 비유가 적절하다. 상대에게 존중받고 싶다면 상대를 존중하면 된다. 상대에게 무시당하고 싶다면 상대를 무시하면 된다. 이 법칙은 단순해 보이지만 진리에 가깝다.

"배달 왔습니다."

"문 열렸어."

"아, 그래. 들어간다."

"얼마야?"

"응, 만 원이야."

"근데 왜 반말을 하십니까?"

"너도 반말했잖아. 왜, 싫어? 그럼 너도 반말하지 마."

||||||||||||||||||||||||||||||||||||||||||||||||||||||||||||||||||||||||||||||||||||||||||||||||||||||||||||||||||

지인인 김 대표는 투잡으로 배달을 한다. 배달을 하면서 여러 부류의 사람을 경험한다. 그중 가장 형편없는 사람이 반말을 지껄이는 사람이라고 한다. 하지만 이런 경험에도 김 대표는 스트레스를 받지 않는다. 자신만의 방법을 찾았기 때문이다. 상대가 반말을 하면 김 대표도 반말을 한다. 상대가 "얼마야?" 하고 물으면 "응, 만 원이야" 하고 응수한다. 상대가 한 손으로 돈을 주면 자신도 같은 방법으로 잔돈을 준다. 서비스업이라고 하지만, 누구도 그를 탓하기는 어렵다. 상대의 행동에 같은 방식으로 대응하는 것뿐이기 때문이다.

세상의 모든 법칙은 생각보다 단순한 것이 많다. 특히 관계는 그렇다. 상대를 배려하면 배려를 돌려받고, 상대를 무시하면 무시로 돌려받는다. 자신이 한 행동은 결국 부메랑이 되어 돌아온다. 사람들은 관계를 말할 때 '베푸는 것'이라고 고상하게 말하지만, 관계는 상호작용으로 만들어질 뿐이다.

"아저씨, 안녕하세요?"

"그래, 안녕?"

"아저씨, 이거 좀 드세요."

"이게 뭔데?"

"아저씨 드리려고 산 간식이에요."

"와, 고맙다."

"아저씨, 우리 집 지켜 주셔서 고맙습니다."

"아이고, 예뻐라."

우리 집 아이들과 경비 아저씨의 일상적인 대화다. 세 아이는 아파트 경비 아저씨들과 특별한 관계다. 아저씨는 아이들을 반겨 주고, 아이들은 아저씨를 친할아버지처럼 따른다. 때로는 경비 아저씨에게 아이스크림이나 과자 등 간식을 선물로 받아 와 자랑하기도 한다. 혹시라도 택배 온 것이 있으면 서로 찾으러 가겠다고 아우성이다. 부모 입장에서 아이들에 대한 경비 아저씨의 특별대우는 기분이 좋다.

사소한 일이지만, 이런 특별한 관계는 그냥 만들어지지 않는다. 아이들은 경비실을 지날 때마다 명랑하게 인사하고, 가끔 아저씨들을 위해 간식을 준비해서 가져다드린다. 특별한 것 없는 행동이지만 요즘처럼 각박한 세상에는 이런 사소한 일조차 특별함이 된다. 이것이 관계의 작용 반작용의 법칙이다.

아이들이 한 일이라곤 경비 아저씨에 대한 예의를 지킨 것뿐이다. 관계의 거리를 지키는 것은 대단한 의지가 필요한 일이 아니다. 단지 상대에 대한 예의를 지키면 된다. 그것이 때로 특별한 관계를 만든다.

매번 나에게 상처 주는 사람들만 있다면, 그것은 머피의 법칙일까?

잘만 활용하면
SNS가 인맥이 된다

행복한 사람은 가진 것을 사랑하고
불행한 사람은 가지지 않은 것을 사랑한다.
_ 하워드 가드너

SNS를 두고 어떤 이들은 유익함을 말하고, 또 다른 이들은 철저하게 시간 낭비라고 이야기한다. 어떤 생각을 가졌든 SNS에 빠진 사람들이 많은 것은 사실이다. 그리고 이 공간에는 분명 두 가지 세상, 즉 유익한 세상과 시간 낭비인 세상이 공존한다. 자신에게 유익이 되면 좋은 것이고 반대의 경우라면 나쁜 것이 맞는다.

어떤 이들은 이 공간에서 사람을 얻고 또 어떤 이들은 사람을 잃고 상처도 받는다. 이 공간도 사람이 모이는 곳이다 보니 사랑, 위로, 미움, 다툼, 시기, 질투가 공존한다. 별개의 세상 같지만 이곳은 인간관계의 확장판이다. 오히려 현실 세상보다 더 솔직하고 직설적이다. SNS를 들여다보면 사람의 마음이 보인다.

이곳에는 부러운 사람들이 참 많다. 성공했다는 사람, 일상이 여행인 사람, 고급 차로 바꿨다며 자랑하는 사람 등 남부러울 것 없이 많은 것을 가진 듯한 사람들이 있다. 반면 실패한 사람, 아프고 힘든 사람도 많다. 그들을 보면서 많은 생각이 교차한다. 분명 같은 '좋아요'를 누르지만 이질감을 느끼기도 하고, 같이 아픔을 느끼기도 한다. 때로는 나를 참 멋진 사람으로 둔갑시키고, 때로는 나를 참 초라하게 만들기도 한다. 이곳은 참 이상한 공간이다.

행복한 모습을 올리며 '나 이렇게 잘 살아요'를 뽐내는 사람, 그런 사람들을 보면서 한없이 부럽다는 사람, 사는 게 너무 힘들다고 한탄하는 사람, 그런 사람들에게 인생을 패배주의로 살지 말라며 지적질하는 사람, 타인의 성공에 진심으로 축하를 건네는 사람, 힘들다는 타인에게 따뜻한 위로를 건네는 사람 등등 이 이상한 공간에는 좋은 놈, 나쁜 놈, 이상한 놈 들이 참 많다.

이곳에선 모두가 친구다. 사업가, 실직자, 학생, 강사, 직장인, 의사, 경찰, 작가, 심지어 연예인까지 있지만 누구든 친구가 될 수 있다. 현실의 친구는 수가 너무 많아지면 다 챙기기 힘들어 표면적인 관계로 남지만, SNS 친구는 수가 많다고 문제 될 것 없다. 게시글 하나면 모든 친구에게 내 이야기를 소상히 전달할 수 있고, 단 몇 초 만에 상대를 챙길 수 있다. 서로 자기 이야기를 들려주고 안부를 묻고 공감하고 위로하는 소통이 끊임없이 그리고 다수를 대상으로 동시에 이루어진다.

이 공간을 보면서 문득 그런 생각이 들었다. 다들 즐거운 일만

이야기하고, 멋있고 예쁘고 좋은 모습들로 자신을 포장하지만 진짜 하고 싶은 이야기는 따로 있는 것이 아닐까? 다른 곳에서 받지 못하는 작은 '배려'를 이곳에서 찾고 싶었던 것은 아닐까? 누군가에게 "수고했어, 잘하고 있어"라는 이야기를 듣고 싶었던 것은 아닐까?

나 역시도 이 공간에 일상과 생각을 올린다. 다양한 형태로 여러 사람과 교감한다. 설령 가식일지라도 나는 그들의 관심과 반응에서 위안과 힘을 얻는다. 나는 유독 SNS에 난무하는 배려가 좋다. 정말 별것 아닌 '좋아요'를 누르는 클릭 한 번으로 위로를 얻고, 나 역시 누군가에게 위로를 준다. 그래서 나는 오늘도 '좋아요'를 누른다. 그리고 '좋아요'를 받는다. 그것이 SNS에 존재하는 '배려'다. 분명 현실 세계보다 많은 반응이 있다. 멋진 사람이 많고 배려하는 사람이 많은 이곳, 타인의 성공을 돕는 사람이 많은 이곳이 현실 세상이었으면 좋겠다. 역기능을 말하는 사람들은 다 가짜라고 이야기하지만 집 밖으로 나가면 그 가짜조차도 없다.

나 역시 이곳에서 꽤 괜찮은 사업가에 통찰력 있는 강사이자 작가로 비치고 있다. 의도한 바는 아니지만 그렇게 인식되는 것을 방조하는 것만으로도 내 모습의 일부가 포장되어 버렸다. 실제로는 모든 부분에서 여전히 버벅거리고 있는 인생의 여행자일 뿐이다. 작가라고 지칭하기에도 뭐하게 달랑 책 몇 권을 썼을 뿐이다. 운이 좋아서 태국에 번역본이 출간되는 영광을 누리기는 했다. 가끔 불러 주는 곳이 있어 가뭄에 콩 나듯 강의를 한다. 그럼에도 사람들은 나에게 멋진 사람이라고 말해 주고 내 이야기에 공감해 준다. 나 역시 그들에게 진심으로 공감해 준다. 나는 이곳에서 나의 배려를 표현하고 타인에게 배려를 받는다.

직장인이었을 때 업무상 활용할 목적으로 이 공간으로 들어왔다. 잠시 쉬었다가 사업을 하면서 영업적인 목적으로 활용하기 위해 다시 돌아왔다. 이후에는 책을 쓰고 강의를 하면서 홍보를 하려는 얄팍한 생각으로 이곳을 활용하고자 했다. 하지만 지금은 이 공간에서 인간관계를 만들어 내고 있다.

여전히 많은 사람이 이곳에서 저마다의 목적과 필요에 의해 친구를 찾아 나선다. 아닌 척하지만 그들 중 다수가 외롭고 마음이 가난한 사람들이다. 친구놀이를 하다가 자신에게 도움이 되지 않으면 가차 없이 떠나 버린다. 하지만 여전히 누군가는 이곳에서 자기 이야기를 하고, 들어주는 사람에게서 위안을 얻고, 또 다른 사람에게 위안을 나눠 준다. 나는 SNS 신봉자가 아니다. 하지만 배려가 있는 사람은 그곳이 어디든 관계를 남긴다.

와이파이를 타고 흐르는 관계는 메마르고 건조할 것 같지만, 시공을 초월한 관계를 만나게 되기도 한다.

제대로 거절할 때
관계도 유지된다

사람은 변하지 않는다. 사람들을 있는 그대로 대하라.
다른 사람을 바꾸려고도, 혹은 변화하리라고 기대하지도 말라.

_ 브라이언 트레이시

"너, 얼굴이 왜 그래?"

"남자친구한테 맞았어요."

"근데 왜 만나?"

"평소에는 정말 잘해 줘요."

"폭력은 습관이야. 헤어지는 것이 좋지 않을까?"

"그래야 한다고 생각하는데, 함께 보낸 시간이……."

"더 늦기 전에 헤어지는 게 좋을 것 같다. 세상에 좋은 사람은 많아."

"다시는 안 그러겠다고 사과까지 했어요."

"사과는 처음이야?"

"아뇨. 그건 아닌데 이번에는 진심이에요. 눈물까지 흘렸거든요. 선배님, 저 어떻게 하는 게 좋을까요?"

"진심으로 헤어지길 바라. 사람은 변하지 않아."

"바뀌지 않을까요?"

━━

30대 무렵에 상담을 요청한 여자 후배와 나눈 대화다. 그녀는 결국 결혼을 했다. 그러고는 10년을 맞고 살다가 이혼했다. 후배는 외모도 준수했고 성격도 좋았다. 만약 그때 멈출 수 있었다면 분명 더 좋은 사람을 만났을 것이다. 그리고 사랑도 받았을 것이다. 사람의 습관은 무섭다. 때리는 사람도 무섭지만 맞는 사람도 무섭다. 사람이 사람을 잘 놓지 못하는 이유는, 언젠가는 변할 거라는 일말의 희망 때문이다. 대체로 희망고문이 된다. 근본이 안 된 사람은 바뀌지 않는다.

특히 잘 변하지 않는 몇 가지 유형이 있다.

첫째, 기본적인 예의가 없고 상대에게 공격적인 사람이다. 일반적인 경우라면 대화를 통해 문제를 풀 수 있지만, 공격적인 말투가 멋진 것인 줄 아는 사람, 수위 조절이 불가한 사람은 변하지 않는다. 그들의 말투에는 힐난과 조롱이 습관처럼 배어 있다. 심한 경우 욕설을 섞지 않으면 대화 자체가 되지 않는다. 이런 유형의 사람이 습관적으로 쓰는 말은 "나는 뒤끝은 없다"라는 말이다.

둘째, 잘못해도 개선할 의지가 없는 사람이다. 이런 사람은 주위의 기운을 통째로 다운시킨다. 이들의 창의력은 평계를 댈 때만 발휘된다.

셋째, 자기 성찰이 없는 사람이다. 자기반성을 하지 않으므로 본인의 잘못 자체를 모른다. 이런 유형의 사람들은 자신에게는 관대하지만 타인에게는 매우 엄격하다. 대부분의 문제는 남 탓이다.

이 세 가지 유형의 사람에게 변화를 기대하는 것은 로또 2등에 당첨되는 것만큼 어려운 일이다. 그들과의 관계 유지를 위해 전쟁을 치르기보다는 패배를 인정하고 관계를 끊는 편이 좋다. 자신에게도 물론 피해가 되지만 주변 사람들에게까지 영향을 끼치기 때문이다. 일부 사람들은 이런 사람들조차도 움직이는 기술이나 처세 방법을 말하지만, 당대 고수가 아니면 그들의 강력한 마이너스 에너지를 이겨 내기 어렵다. 때로는 끊거나 피하는 것이 최선일 때가 있다.

우리는 대체로 관계를 끝내는 것을 어려워한다. 함께한 시간, 추억에 대한 아쉬움 때문이다. 또 사람에게는 어떤 것이든 적자로 마감하지 않으려는 본전 심리가 있다. 손실로 이어질 것을 알지만, 비용과 노력 및 시간의 투자가 아까워서 도중에 그만두지 못하는 것이다. 이는 세계 최초의 초음속 여객기 콩코드기의 사례로 대표되는 '매몰 비용 효과'다. 10년이 넘는 시간과 엄청난 비용을 들여 개발된 콩코드기는, 개발 단계부터 끊임없이 지적된 문제를 끝내 극복하지 못하고 몇 년 만에 박물관 신세가 되고 말았다. 이후 1985년에 미국의 심리학자 아키스Hal Arkes와 블러머Catherine

Blumer는 개인의 결정도 매몰 비용의 영향을 받는 경우가 50퍼센트나 된다는 연구 결과를 발표했다. 인간관계에서도 본전 생각 때문에 상처를 감수하는 것이다. 그런 심리는 "달라지겠지, 이번엔 진짜일 거야, 그것만 빼면 좋은 사람이야" 같은 비이성적인 이유를 만들어 낸다.

주식 투자를 예로 들어 보자. 사람들은 주식 투자를 할 때, 손실을 줄이기 위해 손절가(손해의 마지노선)를 정하는 경우가 많다. 그러나 손절가 밑으로 떨어져도 좀처럼 팔기를 주저한다. 주가가 떨어지는 이유가 해소되기 어려운 내용이어도 마찬가지다. 매도하는 순간 손실이 확정되기 때문에 망설인다. 주식에서 손해를 가장 많이 보는 사람은 '본전 심리'를 가진 사람들이다. 인간관계도 관계에 대한 투자다. 스트레스를 주는 사람에게 반전을 기대하는 것은 무모한 생각이다.

'사람은 변하지 않는다'는 사실을 이해하는 것은 매우 중요한 일이다. 나쁜 관계를 유지하는 것은 자신의 다른 관계에까지 영향을 끼친다. 나쁜 관계는 자존감을 떨어뜨리고, 사람에 대한 실망감을 키우게 한다. 좋은 관계까지 경계하는 모순적인 생태계를 만들게 되는 것이다. 이는 결국 자신의 인간관계를 하향 평준화하는 결과를 낳는다.

사람이 그렇게 쉽게 변한다면 자기계발에 그토록 부단한 노력과 훈련이 필요하지도 않을 것이다. 누구나 자기를 바꾸기 힘들기에 계속 노력하면서 의식적인 변화를 꾀하는 것이다. 게다가 기본적인 자기 성정과 맞지 않는 변화는 애초에 무리다. 인생 선배들에게 자주 듣는 말 중에 "사람을 바꾸려고 하지 말고 내가 맞춰 가며 살아야 해"라는 통찰이 있다. 나와 '다른' 사람을 바꾸려 하는 것은 상대를 내게 맞추려는 이기심의 발로다. 한편 나로선 감당 안 될 '틀린' 사람을 고치려 하는 것은 오만이다.

그래야 할 때 관계를 놓아 주는 일은 실패나 포기가 아니다. 나와 맞지 않는다고 모두와 맞지 않는 것은 아니듯, 내가 놓은 상대도 다른 관계에서는 안주할 수 있을지 모를 일이다. 모두가 교집합이 될 수는 없다. 나를 위한 거리와 상대를 위한 거리가 잘 조화되는 나만의 관계 집합을 지키고 스스로 편안할 수 있는 삶이 가장 현명한 더불어 살기의 실천이 아닐까.

나는 무엇으로 움직이는가

작용하는 것	반작용하는 것
친절	불친절
필요한 것	필요 없는 것
언행일치	언행 불일치
행복, 기쁨	상처, 실망
진심과 대안이 있는 조언	사람을 불쾌하게 하는 조언
분명한 원칙	불분명한 원칙
합리적인 것(사람마다 다름)	불합리한 것(사람마다 다름)
신뢰	불신

지금 우리의 거리는
몇 센티입니까?

남과 교제할 때, 먼저 잊어서는 안 될 일은
상대방에게는 상대방 나름대로의 생활 방식이 있으므로
혼란스럽게 하지 않도록 남의 인생에 함부로
간섭해서는 안 된다는 것이다.
_ 헨리 제임스

　사람들은 관계를 시작할 때 애정을 듬뿍 쏟는다. 반면 한번 이
어진 관계는 소홀히 할 때가 많다. 자연스러운 일이지만, 관계에
득이 되는 일은 아니다. 누구에게나 첫 마음을 변함없이 이어 가
기란 쉽지 않다. "잡은 물고기에는 먹이를 주지 않는다"라는 말처
럼, 사람은 원래 자신이 가진 것보다 새로운 것에 호기심을 느끼
는 존재다. 그래서 케케묵은 관계보다 새로운 관계에 더 매력을
느낀다. 내가 가진 것은 항상 부족해 보이지만 타인이 가진 것은
다 좋아 보인다. 그러나 세상에는 남들이 가진 것보다 내가 가진
것이 좋은 것인 경우가 많다. 특히 관계가 그렇다.
　사람들이 흔하게 하는 실수가 있다. 가정을 예로 들면, 배우자

에 대한 비교가 가장 흔하다. "당신은 좋겠다. 당신 남편(아내)은 당신을 정말 아껴 주는 것 같아" 같은 말이다. 그러나 입장을 바꿔 보면 모두 비슷한 존재들이다. 그곳이 직장이라면 다른 팀의 팀장이나 팀원들은 참 좋아 보인다. 내가 다니는 회사보다 다른 회사가 좋아 보이는 것처럼 말이다. 착각이다. 내 것이 아닌 남의 것이기 때문에 그렇게 보일 뿐이다.

한발 떨어져 바라보면 대체로 사람들은 비슷하다. 그러나 내 것이 되는 순간, '정말 그렇게 안 봤는데 뭐 이런 인간이 다 있어?' 같은 관계의 왜곡 현상이 생긴다. 관계의 거리를 지키지 않기 때문이다. 아무리 가까운 관계도 지켜야 할 선이 있다. 밀착된 관계일수록 더 그렇다.

이 책에서 여러 번 언급했지만, 관계를 이어 주는 것은 매력을 느낀 첫 마음이 아니다. 대체로 변함없이 상대라는 존재를 지켜 주려는 마음이 관계를 이어 준다. 이때 필요한 것이 관계의 거리다. 서로에게 거리를 지켜 주는 것은 관계의 피로를 줄이는 일이기도 하다. 무더운 여름에 사람이 빽빽한 지하철을 타면 옆 사람은 모두 열 덩어리일 뿐이다. 아무리 좋은 관계도 더위를 느낄 때가 있고, 추위를 느낄 때가 있다. 관심을 밀착시켜야 할 때와 관심을 느슨하게 해야 할 때를 구분해야 한다. 귀찮은 일일 수도 있지만 중요한 문제다. 마음도 부지런해야 관계를 지킬 수 있다. 상대가 당신에게 소중한 존재라면 그 정도 부지런은 떨어야 하지 않겠는가. 적어도 상대에게 같은 행동을 원한다면 말이다.

이를 게을리하고 방치하면 관계는 아프기 시작하고, 심각성을 깨닫기 전에 걷잡을 수 없이 망가져 있곤 한다. 매일 하던 청소를 하루만 안 해도 금세 먼지가 눈에 보이듯, 오물을 바로 씻어 내지 않으면 지워지지 않는 얼룩이 남듯, 관계는 방치된 채 기다려 주지 않는다.

1969년 미국 스탠퍼드 대학의 필립 짐바르도Philip Zimbardo 교수는 흥미로운 실험을 진행했다. 인적이 드문 골목에 자동차 두 대를 세우고 일주일간 방치해 두었다. 이때 한 대는 정상적인 상태로 두고 다른 한 대는 유리창이 깨진 상태로 방치했다. 일주일 후, 두 차량의 상태는 확연하게 달랐다. 정상적인 상태로 방치한 차량은 별다른 훼손이 없는 반면, 유리창이 깨진 상태로 방치된 차량은 쓸만한 부품이 모두 사라진 채 쓰레기만 잔뜩 쌓여 있었다. 유리창 깨진 것을 방치했을 뿐인데 심각할 정도의 훼손을 불러온 것이다. 이 실험은 이후 미국의 범죄학자 제임스 윌슨James Wilson과 조지 켈링George Kelling에 의해 '깨진 유리창 이론'으로 일반화되었다.

관계가 삐걱거리는 느낌을 받을 때 자칫 '아, 귀찮아', '시간이 좀 지나면 괜찮겠지'라는 생각으로 회피해서는 안 된다. 호미로 막을 일은 호미로 막자. 순간의 방심으로 소중한 관계를 잃어서야 쓰겠는가. 서로의 거리를 살피고, 오해가 있다면 바로바로 풀면 된다. 그리고 그럼에도 나를 너무 힘들게 하는 관계에 대해서는 단호하게 "그만!"을 외쳐야 한다. 상대가 지켜 주지 않는 나의 거리에 대해서는 더 망가지기 전에 결단을 내리고, 또 상대를 위한 거리에 불편함이 감지될 때도 미루지 말고 직시하고 해결해야 한다. 관계에 생긴 작은 흠결은 회복시킬 시기를 놓친 채 방치하면 돌이킬 수 없이 망가진다.

지금, 당신에게 가장 소중한 사람을 한 명 떠올려 보라. 그 관계의 이상적인 거리는 얼마쯤인가? 나를 위한 거리와 상대를 위한 거리가 평화롭게 잘 지켜지고 있는가? 부디 그렇기를!

적당한 거리 두기의 기술

초판 1쇄 인쇄 2019년 1월 18일
초판 1쇄 발행 2019년 1월 25일

지은이 명대성

펴낸이 박세현
펴낸곳 팬덤북스

기획위원 김정대 · 김종선 · 김옥림
편집 이선희 · 조시연
디자인 심지유
마케팅 전창열

주소 (우)14557 경기도 부천시 부천로 198번길 18, 202동 1104호
전화 070-8821-4312 | **팩스** 02-6008-4318
이메일 fandombooks@naver.com
블로그 http://blog.naver.com/fandombooks

출판등록 2009년 7월 9일(제2018-000046호)
ISBN 979-11-6169-072-8 03320